학생 중심으로
Students At The Center
수업을 바꿔라

Students at the Center:

Personalized Learning with Habits of Mind by Bena Kallic and Allison Zmuda

학생 중심으로
수업을 바꿔라

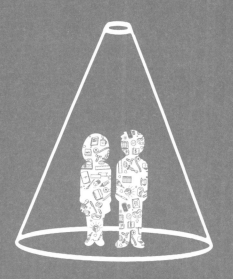

베나 칼릭Bena Kallick · 앨리슨 츠무다Allison Zmuda 지음 | 신동숙 옮김

한문화

이 책은 위긴스 박사의 가르침을 기반으로 한다.

그의 가르침은 수많은 교사들의 마음을 움직였다.

그의 활기찬 에너지, 지성, 기쁨이

책을 집필하는 내내 활기를 불어넣어 주었다.

자주 그리고 많이 웃는 것,

현명한 이의 존경을 받고

어린아이의 사랑을 받는 것,

정직한 비평가의 찬사를 받고

친구의 배반을 참아내는 것,

아름다움을 즐기고

다른 사람의 장점을 발견해 내는 것,

건강한 아이를 낳든 정원을 가꾸든

사회 환경을 개선하든

세상을 조금이라도 더 살기 좋은 곳으로 만드는 것,

당신이 이 땅에 잠시 머물다 감으로써

단 한사람의 인생이라도 행복해지는 것,

이것이 진정한 성공이다.

— 랄프 왈도 에머슨Ralph Waldo Emerson

우리 아이들의 미래를 위한 교육적 대안, 개별 맞춤형 학습

모든 학습은 개별화된다. '학습'하는 모든 것들은 먼저 감각기관을 통해 받아들이고, 처리하고 이해하는 과정을 거쳐 몸과 마음에 내면화한 다음, 정서를 반영해 행동으로 드러난다. 이 책에서 베나 칼릭과 앨리슨 츠무다는 개별 맞춤형 학습을 '목소리, 공동 창조, 사회적 구성, 자기 발견'이라는 훌륭한 네 가지 큰 특징으로 나누어 설명한다. 또한 이 네 가지 특징을 활용하여 개별 맞춤형 수업을 진단하고 발전시킬 것을 제안한다.

그런 관점에서 보면 개별 맞춤형 학습은 그저 교육자들이 활용하는 유용한 체계에 그치지 않고 각 개인이 태어나서 한평생 추구하는 인간 본연의 목표를 바라보는 방식이기도 하다(Fogarty, 2016). 갓 태어난 아기가 맨 처음 하는 행동이 "나 여기 있어요! 세상에 나왔다고요. 내 말을 들어주고, 먹을 것을 주고, 나를 쳐다봐주고, 안아주고, 기저귀를 갈아주고, 사랑해줘요!"라고 세상을 향해 부르짖는 것만 봐도 그렇다. 아이는 성장하면서 본능적인 호기심에 이끌려 배우고자 하는 열정을 충족시키는 데 도움을 줄 사람들을 찾는다. "가르쳐주고, 보여주고, 읽어주고, 노래 불러주고 그리고 끝도 없는 내 질문에 답해줘요!"라고 요구한다. 그리고 부모나 그 외의 양육자, 교사, 또래들과 함께 생활하면서 자기 자신이나 세상의 이미지, 세상이 돌아가는 방식, 배움의 의미를 함께 찾고 형성해간다.

사회적 존재인 인간은 어린 시절에 이미 사회적 구조가 형성되고 작용하는 과정, 타인과의 유대감, 그에 따르는 동료애, 협동 학습, 상호의존적 사고의 힘을 인식하고 평생에 걸친 자기 발견의 여정을 시작한다. 사람들은 실험, 피드백, 지속적인 연습, 위험을 무릅쓴 도전, 실패, 성공을 통해서 각자의 흥미, 열정, 잠재력, 가치, 선호하는 방식, 취향 등을 지속적으로 발견해 나간다. 나 역시 여든다섯의 고령에도 불구하고 여전히 나 자신을 발견해가고 있다. 지금 느끼는 통찰력은 서투르고, 감정 기복이 심하고, 걸핏 하면 울컥하던 십대 시절보다 훨씬 깊고 냉철하다.

삶의 여정은 지성의 성장 과정이기도 하다. 피츠버그 대학교의 로렌 B. 레스닉Lauren B. Resnick은 "사람의 지성은 마음습관의 총합이다(1999)."라고 설명했다. 우리가 추구하는 목표가 학생들이 적극적으로 자신의 열정을 좇고, 타고난 호기심을 잃지 않으며, 다른 이들과 협력해서 복잡한 문제를 해결할 창의적인 방안을 만들도록 가르치는 것이라면, 교사들은 단순히 학생들의 본보기가 되는 데 그쳐서는 안 된다. 자기 주도적 성향과 끈기를 가르치고, 서로 협력하고 유연하며 창의적인 사고가 기본이 되는 문제해결능력을 키우도록 지도해야 한다. 마음습관(Habits of Mind)에 해당하는 인간의 성향은 지적인 능력을 자극하고 촉진한다. 이 책에서는 마음습관을 맞춤형 학습 체계에 접목한 맞춤형 지도 방식에 대해서도 다룬다. 저자들은 맞춤형 학습과 마음습관이라는 두 가지 중대한 교육 지식, 이론, 실행 방안을 한데 엮어서 신비롭고 놀라운 인간의 본성을 아주 정확하게 반영한 통합적인 학교교육 모델을 제안한다.

그런데 사람들이 공유하는 특성도 상당하지만 차이점 또한 만만치 않다. 모든 학습자에게는 고유성이 있으며 그 어떤 두뇌 구조도 서로 완벽히 똑같을 수는 없기 때문에 표준화나 일반화에서 개별화로의 변화는 자연스러운 변천 과정이다. 이 책에서 제안하는 교육적 접근 방식을 따른다면 학생들은 각자의 관심과 열정을 추구하고, 학생이나 교사 그 누구든 규정을 따라야 한다는 압박 때문에 창의성을 구속당할 염려가 없다. 다시 말해 이 책에서는 자율권, 발견과 자유, 전통적인 역할의 재구성, 교육에 대한 기본적인 생각의 변화를 다룬다.

그런가 하면 이 책에는 교과를 가르치는 활동도 물론 계속 필요하겠지만, 앞으로는 그것만으로는 부족할지 모른다는 미래적인 관점까지 담겨 있다. 경제협력개발기구(OECD) 교육기술 부문 이사인 안드레아스 슐라이허는 2014년에 인터넷 포럼 '빅씽크Big Think'에서 다음과 같이 말했다. "앞으로 세계 경제는 단순히 사람들이 아는 지식이 아니라 그 지식으로 할 수 있는 일에 집중할 것이다." 그렇게 되면 학교에서 통상적으로 가르쳤던 학과목이나 교육 내용은 결과적인 측면에서는 물론이고 마음습관의 기본 요소를 적용하고 숙고하는 차원에서도 재구성할 필요가 있다. 여기서 말하는 마음습관의 기본 요소란 포기하지 않고 끝까지 물고 늘어지기, 열린 마음으로 지속적으로 배우기, 상호의존적으로 사고하기, 유연하게 사고하기, 질문하고 문제 제기하기 등과 같은 성향이다.

　가르치는 내용을 이런 식으로 재구성한다면 영향력 있는 다양한 심성 모형(세상에서 일어날 수 있는 사건이나 상황을 묘사하는 마음의 표상을 뜻하는 심리학 용어)을 만들 수 있는 여지가 생긴다. 오랜 세월 상당한 영향력을 행사해왔던 외면적인 평가만큼 이제는 학생들의 개별화된 자기평가도 중요하게 받아들여야 한다고 본다. 아이들이 졸업하고 나서까지도 어떤 행동은 해도 괜찮은지, 어떤 행동이 옳은지, 어떤 행동이 훌륭한지를 일일이 남에게 물어봐야 한다면 우리 어른들이 자기주도 학습의 핵심을 놓친 것이 분명하다. 또 우리는 피드백이 수업을 계획하거나 학습 지침으로 활용할 가치가 상당히 높다고 본다. 이와 관련해 학생들의 자기분석, 자기참조, 자기행동 수정 능력을 키움으로써 평가의 책임을 교사에서 학생으로 넘기는 다양한 사례와 수업 모델을 소개할 것이다.

　교사는 학생들을 현재와 아직 다가오지 않은 불확실한 미래에 대비시키는 사람이라는 점에서 미래학자라고도 볼 수 있다. 교사들은 개별 교과를 초월한 다양한 영역에서 뛰어난 성과를 촉진하는 역량과 성향이 무엇인지 공통된 시각으로 바라볼 필요가 있다. 그런 공통된 시각을 바탕으로 어떤 주제든지 능숙하게 다룰 수 있고, 명확하고 즉각적인 해결 방안이 없는 갈등이나 복잡한 문제 또는 딜레마가 닥쳤을 때 대응할 수 있도록 커리큘럼을 꾸려가야 할 것이다. 그 자세한 내용을 이 책에서 살펴볼 것이다. 그리고 한 가지 덧붙이면, 그런 시각은 아이들뿐만 아니라 어른들에게도 대단히 중요하게 작용한다.

아서 L. 코스타,
캘리포니아 주립대 교육학과 명예교수

차례

우리와 다른 세상을 살아갈 아이들에게 진정으로 필요한 것

개별 맞춤형 학습(Personalized Learning)은 많은 이들이 관심을 갖는 교육 용어로 자리매김했다. 교사들에게 '개별 맞춤형 학습이 무엇이냐'고 질문을 던지면 나름대로 설명하겠지만, 그 내용은 사람마다 천차만별일 것이다.

우리는 이 책에서 개별 맞춤형 학습이 무엇인지, 교실에서는 어떤 형태로 나타나는지, 학생들이 무엇을 성취하도록 도울 것인지를 가능한 한 명확하게 제시하고자 한다. 참고로 우리가 '개별 맞춤형'이라는 용어를 사용한다고 해서 언젠가는 '완벽'하게 개별화된다는 것을 은연중에 내비치려는 건 아니다. 개별화는 꾸준히 진행되는 과정이자 교수법 체계가 학습자 중심으로 바뀌는 변화 가운데 하나이다. 따라서 학습 경험을 개별화한다는 것이 어떤 의미인지, 교사들이 이를 어떻게 받아들이고 실행할 수 있는지, 개별화가 왜 그토록 중요한지에 이르기까지 세세히 살펴볼 것이다.

책에서 제시하는 내용은 상당한 경험과 연구를 토대로 얻은 결론이다. 교사들과의 협업이라는 특별한 기회를 통해 그들이 시시각각 변하는 목표에 대응하고 그 의미를 찾느라 고군분투하는 과정을 지켜봐왔기에 가능했다. 그 과정에서 다음과 같은 사항을 고려했다.

- **기준** 어떤 기준이 최선일까?
- **능력** 어떤 능력을 최우선으로 추구해야 할까?
- **평가** 어떤 방식이 학생들의 학습 진척 상황을 가장 충실하게 반영할까?
- **관련 법규를 만드는 사람** 입법자들은 어떤 이야기를 듣고 싶어 할까?
- **부모** 부모들이 자녀 교육에 대해서 가장 알고 싶어 하는 것은 무엇이고, 또 무엇을 알아야 할까?

이런 질문에 대한 답이 바뀔 때마다 교사들이 방향을 잃고 우왕좌왕하는 모습을 보면서, 교사들에게 굳건한 기준점이 되어줄 진북眞北을 제시하고 싶다는 생각이 간절했다. 우리의 바람은 지금 이 순간은 물론 향후에도 학생들에게 효력을 발휘할 가치와 비전을 제시하는 것이다.

1장에서는 우리가 말하는 진북의 의미를 명확히 밝힌다. 교사들의 가장 중요한 임무는 학생들이 세상을 잘 살아가는 데 필요한 지적·사회적 힘을 키울 수 있도록 돕는 것이다. 이를 위해 우리가 찾은 최선의 목표 달성 방법으로 '마음습관'이라 부르는 내적 성향을 토대로 학생이 주도하는 새로운 교육 모델을 제시한다. **2장**에서는 커리큘럼을 학생 주도적으로 재편하는 실제적인 과정과 모든 교육의 기반이 되는 '교사-학생 간의 관계'라는 중대한 사안을 면밀히 살펴본다. 3장에서는 교사와 학생이 공동으로 목표를 설정하고 세부 과정을 결정하면 교사와 학생의 역할이 어떻게 바뀔 것인지에 대해 생각해본다. 4장에서는 그랜트 위긴스Grant Wiggins와 제이 맥타이Jay McTighe의 '백워드 설계(Backward design)' 이론을 토대로 '우리가 학생들에게 가르치고자 하는 내용은 무엇이며, 학습의 결과로 학생들이 무엇을 할 수 있게 되기를 바라는가?'라는 질문의 답을 찾아나간다. 5장에서는 지도 방식에 초점을 맞춰서 학생들이 더 넓고 깊은 배움에 대한 열정을 가지고 흥미를 추구하고, 더 적극적이고 책임감 있게 참여하는 교실을 만들 다양한 방법을 소개한다. 6장에서는 지속적으로 성장하는 데 피드백이 어떻게 유용한 촉매 역할을 하는지 살펴본다. 7장에서는 어떻게 하면 교실, 학교, 전반적인 교육 시스템을 학생이 주도하는 개별화된 학습 환경으로 바꿀 수 있을지를 논한다.

변화는 쉽게 이루어지지 않는다. 변화하려면 오래된 습관과 전통을 놓아 보내고, 지금 우리가 살고 있는 이 시대와 지금 가르치는 학생들에게 적합한 새로운 심성 모형을 포용해야 한다. 다시 말해서 우리 아이들을 어른들이 교육받았던 세상과는 완전히 다른 세상에서 살아갈 수 있도록 준비시켜야 한다는 뜻이다. 하이디 헤이스 제이콥스Heidi Hayes Jacobs가 이렇게 설명했듯 말이다.

학교는 아이들을 미래로 쏘아 올리는 발사대다. 하지만 애석하게도 학교에서 현재 가르치는 내용은 대부분 우리가 40~60년 전에 배웠던 것과 똑같다. 커리큘럼 중에는 세월이 흘러도 변하지 않는 부분도 물론 있다. 하지만 시대에 따라 바뀌어야 할 내용도 있다. 그런데 시의적절하게 바뀌어야 할 그 부분이 방치되고 있는 듯하다. (Perkins-Gough, 2003/2004)

마음습관을 접목한 개별 맞춤형 학습은 시의적절한 내용을 반영하기 위한 첫 단계로 학생들을 시대 상황에 맞는 문제와 의문을 탐색하도록 이끈다. 또 혁신과 상상력을 불러일으키고, 학생들이 자신의 열정과 꿈을 위해 책임이 막중한 위험을 무릅쓰게 한다. 그런 의미에서 개별 맞춤형 학습은 진정한 의미의 성공에 이르는 길이 될 것이다.

세상이 복잡하고 불확실할수록
학생들이 스스로 자신의 길을
개척하고 도전하고 성공할 수 있도록
학습자에 맞게 특화된 교육이 필요하다.

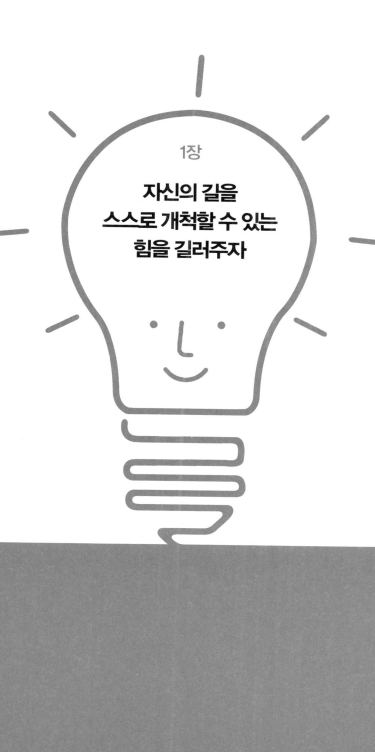

1장

**자신의 길을
스스로 개척할 수 있는
힘을 길러주자**

학생이 수업에 얼마나 적극적으로 참여하느냐의 기준은
그 학생이 진도를 얼마나 빨리 독파하느냐가 아니라
학습 내용을 얼마나 유의미하고, 흥미롭고, 가치 있게
받아들이느냐가 되어야 한다.

산업화에서 개별화로의 변화가 세계적인 추세로 자리 잡으면서 의료, 언론, 음악, 방송, 출판, 정치, 자기표현에 대변혁이 일고 있다. 그러나 학교라는 환경만큼은 아직도 대부분 표준화된 관행을 따른다. 나이별, 학년별로 모든 학생들에게 동일한 교육과정을 적용하고 일률적인 잣대로 학습자를 평가하는 문화가 현재까지 이어져오고 있다.

그런데 문제는 세상이 갈수록 복잡하고 불확실하며, 살면서 헤쳐 가야 할 문제가 증가할수록 학습자에 맞게 특화된 교육의 필요성이 그만큼 더 커진다는 점이다. 그러니 학생 스스로 문제를 해결하고 창조적으로 사고할 수 있는 환경을 조성해야 한다. 앞으로 아이들이 성공적인 삶을 이루려면 경제적 조건이 만족스러운 만큼 정신적으로도 만족스러운 일을 찾아야 할 것이다.

따라서 교사는 학생이 바라는 인물상과 성취하고자 하는 목표에 접근할 수 있는 교육 경험을 마련해줘야 한다. 또 그런 경험에는 학생들이 사회적 자본이 될 관계를 형성하고, 사회적 영향력이 큰 사람들에게 자신의 의견을 전달하는 능력을 키울 기회가 포함되어야 한다. 사회생활을 하면서 인간관계를 형성하고 활용하는 방법이나 혁신적인 아이디어를 발전시켜 대외적으로 알리는 방법을 배울 수 있도록 말이다. 그래서 필요한 것이 바로 개별 맞춤형 학습이다.

'개별 맞춤형 학습(Personalized learning)'은 커리큘럼을 학생의 능력과 필요에 맞게 구성하여 학습을 촉진하는 다양한 지도 방식을 아우르는 포괄적인 용어다. 그런데 우리는 개별 맞춤형 학습의 범위가 지금보다 더 넓어져서 학생들이 각자의 흥미와 열정을 탐색하고 개발할 기회를 제공하는 데까지 확장되어야 한다고 믿는다. 그리고 학생들에게 열망과 꿈을 불러일으켜서 시민사회와 사회경제에 적극적으로 참여하는 구성원으로 만들겠다는 목표도 반드시 포함해야 한다. 토니 와그너Tony Wagner와 테드 딘터스미스Ted Dintersmith가 "교육의 목표는 학생들에게 열정을 불러일으키고, 목적의식을 고취하며, 직업 활동이나 시민으로서의 직분을 수행하는 데 필요한 핵심 역량을 가르치고, 세상을 더 나은 곳으로 만들기 위해 각자 최선을 다하도록 동기를 자극하는 것이다(2015)."라고 주장했던 것처럼 말이다.

그런데 이런 목표는 대개 이루어지지 못한다. 최고의 명문으로 꼽히는 학교에 다니더라도 남들이 말하는 '성공'이라는 현실에 꿈을 억류당하고 결국에는 자신의 열정과 의욕을 억누르는 경우가 허다하기 때문이다. 반면 가난한 환경에서 성장하는 아이들은 그들이 꿈을 이룰 가능성이 거의 없다고 믿는 교사들 밑에서 배우면서 결국

꿈이 억눌린다. 또 대학 입시나 취업 준비에만 매달리는 사회 분위기도 미래를 꿈꾸는 학생들 앞을 가로막는다. 그렇기 때문에 학생들이 현대 사회의 구성원으로서 갖추어야 할 지적, 사회적 자질을 키우려면 무엇보다 학습 활동에 필요한 성향을 발달시키고 개별화된 조건에서 성공의 경험을 쌓아나가야 한다고 생각한다.

이번 장에서는 '개별 맞춤형 학습'이 정확히 무엇이고, 어떤 형태로 실현할 수 있는지를 먼저 설명할 것이다. 또 그러한 학교 모델을 실현하는 데 필요한 성향인 '마음습관(Habits of Mind)'에 대해서도 알아본다. 마지막으로 그 두 가지를 결합한 방안이 학생들이 사려 깊게 문제를 해결하고 아이디어를 내는 학습 공간을 형성하는 데 어떻게 기여하는지 보여줄 것이다.

개별 맞춤형 학습의 네 가지 특성

개별 맞춤형 학습은 학생들이 큰 목표를 추구하고, 문제를 탐색하고, 해결 방안을 계획하고, 호기심을 해소하고, 결과물을 창작할 수 있도록 자율권을 주는 학생 주도의 진보적인 교육 모델이다(Zmuda, Curtis, & Ullman, 2015). 개별 맞춤형 학습에는 네 가지 주요한 특성이 있다. 네 가지 특성은 목소리, 공동 창조, 사회적 구성, 자기 발견으로 기존의 교실 수업을 진단하거나 새로운 수업 방식을 계획할 때 판단의 기준이 되는 거름망 역할을 한다. 네 가지 특성을 간략하게 설명하면 다음과 같다.

목소리 　　공동 창조

사회적 구성 　　자기 발견

목소리

첫 번째 특성인 '목소리(voice)'는 교육과정 초기에 학습 대상(목표)과 방법을 정하는 단계에 학생이 직접 관여하고 참여해 학생이 목소리를 낸다는 뜻이다. 학생들은 교육 여정에 단순히 승객으로 참여하는 것이 아니라 직접 운전대를 잡고, 커리큘럼에 관련된 사안을 결정하는 데 한 몫을 담당하는 중요한 참여자가 된다. 그 과정에서 학생들은 자신의 의견에 어떤 영향력이 있는지는 물론이고 자기 의견에 타인의 의견이 더해졌을 때 어떤 변화와 발전이 나타나는지를 인식해 간다.

공동 창조

두 번째 특성은 '공동 창조(co-creation)'이다. 개별 맞춤형 학습에서는 학생들이 교사와 함께 도전 과제·문제점·아이디어를 생각해내고, 학습하는 대상을 명확히 하고(학습 목표), 결과물이나 과제 수행을 살피고(평가), 소기의 목적을 달성하기 위한 행동 계획을 세운다(학습 행동). 학생들은 개별 맞춤형 학습에 필요한 공동 창조의 과정에 주기적으로 참여하면서 혁신과 창조의 근육을 단련하고 키워나간다.

사회적 구성

세 번째 특성인 '사회적 구성(social construction)'은 학생들이 가설을 세우고 탐색하며 공동의 학습 목표를 달성해 나갈 때 다른 이들과의 관계를 통해서 생각이나 계획을 만들어 나가는 것을 말한다. 다음과 같이 설명할 수도 있다. "비고츠키(1978)는 사람들이 대화와 토론을 통해서 서로의 생각을 기반으로 배워간다는 지식의 사회적 구성이라는 개념을 제시했다. … 그런 과정을 경험할 수 있도록 가르치면 학습자들이 새로운 정보를 내면화하고 재구성하거나 변형하는 데 도움을 준다.(Kallick & Alcock, 2013)" 변화를 꾀하고, 성과를 내고, 프로토타입prototype(기본 모형)을 만들며 협력하는 과정에서 느끼는 동료애, 즉 혼자가 아니라는 기분에는 진정한 힘이 있다. 학생들은 개별적인 지식, 발상, 행동이 더 크고 대단한 전체로 통합되는 과정을 직접 경험하면서 극적이고 신비로운 깨달음을 얻기도 한다.

자기 발견

네 번째 특성은 학생들이 학습자로서 스스로를 인식하는 '자기 발견 (self-discovery)'의 과정이다. 개별 맞춤형 학습에 참여하는 학생들은

아이디어나 다양한 기술, 지식, 과제 수행이 발전하고 있는지 되돌
아볼 기회를 얻는다. 그리고 이런 경험은 다음에는 무엇을 할지, 무
엇을 탐색하고 창조할지 뿐만 아니라 향후에 전개될 상황을 그려볼
수 있게 한다. 교사의 목표는 학생들을 갖가지 상황에 적절히 대응할
줄 아는 자발적인 학습자로 키워내는 것이다. 아이들이 자기 자신을
더 깊이 이해함으로써 급변하는 세상에서 스스로 길을 찾고 현명한
결정을 내릴 수 있도록 돕는 것이다.

개별화, 차별화는 개별 맞춤형 학습과 어떻게 다를까?

개별 맞춤형 학습의 네 가지 특성에 대한 설명을 듣고 학습자 개인
의 필요에 맞춘 교육 사례로 흔히 언급되는 개별화(individualization)나
차별화(differentiation) 모델을 떠올릴 수도 있다. 물론 개별화나 차별
화 모델은 개별 맞춤형 학습과 비슷한 점이 많지만 과제의 본질이나
학생들이 학습 경험에 기여하는 정도 면에서 상당한 차이가 있다.
표 1-1을 보면 학습 모델별로 학생과 교사의 역할이 어떻게 달리 발
전해 왔는지 확인할 수 있다.

개별화

개별화 모델에서는 개별 맞춤형 학습과 마찬가지로 시간과 장소에
구애받지 않고 학습이 가능하다. 두 가지 이상의 학습 환경을 혼합
한 블렌디드 러닝blended learning은 개별화를 적용한 대표적인 사례이

다. 하지만 개별화 모델은 개별 맞춤형 학습과는 달리 학생들에게 학습 과제를 '배정'하는 방식이다. 학생들은 컴퓨터 프로그램이나 소프트웨어 플랫폼, 교사가 준비한 음성이나 동영상 파일 등의 기술

표 1-1 세 가지 학습 모델에서 학생과 교사의 역할

학습 모델	학생의 역할	교사의 역할	예시
개별 맞춤형 학습	목소리, 사회적 구성, 자기 발견의 기회를 바탕으로 해서 공동으로 조사하고 분석해서 최종 결과물을 만들어 낼 수 있게 하는 실제적이고 복합적인 문제들에 적극적으로 뛰어든다.	질의응답, 회의, 피드백으로 학습을 촉진한다.	· 학생이 영상이나 듣기 자료를 만든다(교재 내용이나 경험한 내용을 정리). · 학생이 회의를 이끈다. · 학생이 제시된 기술이나 활동을 참고해서 완전히 습득한다.
개별화	주제별 학습 속도와 학습 완료 시기를 조절한다.	교사가 구상한 활동과 수업 계획별로 수업을 이끈다.	· 교사가 영상이나 듣기 자료를 만든다. · 칸 아카데미Khan Academy (무료 온라인 교육 서비스) · 드림박스Dreambox, 컴퍼스 러닝Compass Learning(온라인 소프트웨어)
차별화	다양한 내용, 교육 과정, 결과물의 종류를 선택한다.	각 학생에게 필요한 부분과 선호도를 반영해 맞춤 지도한다.	· 동일한 주제를 다룬 다양한 교재 · 학생의 학습 계약* · 초이스 보드**

출처 : Learning Personalized: The Evolution of the Contemporary Classroom(pp. 10–.11), by A. Zmuda, G. Curtis, & D. Ullman, 2015, San Francisco: Jossey–Bass. Copyright 2015.

* 학습 계약 : 새로 학습하는 지식이나 기술에 대해 학생과 교사가 서면으로 학습 스케줄이나 방법, 학습 자원, 목표, 평가 등을 협약하는 것

** 초이스 보드Choice boards : 학습 목표에 접근하는 다양한 방식을 제시해서 학생들이 각자 선택할 수 있도록 만든 도표

장비를 활용해서 지정된 과제를 완수한다. 이 경우 학생들이 진행 속도를 직접 조절하기 때문에 학습 진행 현황을 보고 얼마만큼 소화했는지를 파악할 수 있다. 학생들은 동영상을 다시 돌려서 보고, 연습 문제를 풀고, 제시된 질문에 답하고, 컴퓨터 프로그램을 이용한 평가나 교사가 출제한 시험에 대비해 공부하면서 즉각적인 피드백을 받을 수도 있다.

기술의 효율성을 활용해 과제의 내용과 진행 속도를 학습자에 맞게 조절한다는 점에서는 개별화 모델에도 개별 맞춤형 학습의 특성이 일부 있다. 개별화 모델에서도 학생들이 스스로의 학습 과정을 돌아보고 최적의 방법을 찾아가는 것에 중점을 두는지는 모르겠지만 학습의 관계적인 측면은 그다지 부각하지 않는다.

두 가지 이상의 학습 환경을 혼합한 블렌디드 러닝에서는 학생들이 기술(technology)을 활용해서 혼자 힘으로 과제를 완수하기도 한다. 또 경험을 통해 배운 것을 실제로 적용하면서 공동 프로젝트를 진행하거나 그룹 활동에 참여하기도 한다. 그런데 블렌디드 러닝과 개별 맞춤형 학습의 의미 있는 차이는 학생들이 교실 수업 안에서 또는 밖에서 얼마나 활동하느냐가 아니라 학생들이 학습 활동에 대한 결정권을 얼마나 많이 가지고 있느냐에 있다.

개별 맞춤형 학습 모델은 교육 활동을 설계하고 개발하는 과정에 학생들을 참여시킨다. 최근 들어 과학기술의 발달이 학교의 붕괴를 초래할 것이라는 의견이 자주 제기되는데, 우리가 보기에는 그런 파괴력 있는 영향력은 학생에게 맹목적인 순종을 강조하는 학교에 국한한다. 기술의 진보는 오히려 반겨야 할 발전이다. 어떤 학생이 수업에 얼마나 적극적으로 참여하는가를 판단하는 기준은 그 학생이 진도를 얼마나 빨리 독파하느냐가 아니라 학습 내용을 얼마나 유의미하고, 흥미롭고, 가치 있게 받아들이느냐가 되어야 한다. 이 같은 학생들의 적극적인 참여가 개별 맞춤형 학습의 기본 바탕이다. 학생들 각자가 아이디어·질문·문제점을 찾아내거나 제기하고, 핵심 활동·자료·진행 스케줄을 정하고, 초안을 지속적으로 수정하고, 피드백을 수용해서 반영하고, 차례로 진도를 밟으며 해당 과제를 완수한다. 이때 교사들은 학생들이 기술을 연마하고 지식을 습득할 수 있도록 보조하고, 관련 지식을 가르치고, 학생들이 실제적이고 복합적인 문제 해결 활동을 통해서 기초 지식과 기술을 키울 수 있도록 돕는 것이다.

차별화

차별화 모델은 동일한 학급 내에서라도 학습자의 능력, 준비 수준, 관심 분야가 모두 다르다는 현실을 받아들인다. 그래서 교사들은 학생들의 다양한 학습 활동을 마련하는 것부터 시작한다. 학습 활동은 교사가 정할 수도 있고 학생들이 직접 선택하기도 한다. 차별화 모델이 개별 맞춤형 학습과 비슷하게 느껴지는 것은 학생들이 직접 선택하는 활동이 있기 때문이다. 그런 경우에 학생들은 탐구 주제나 자료를 정하거나(내용 차별화), 아이디어를 조사하거나 발전시킬 방법을 선택하거나(과정 차별화), 학습 결과를 제시하는 방식을 정할(결과물

차별화) 수 있다. 다만 이때 학생들에게 돌아가는 선택권은 대개 교사들이 지정한 범위로 한정된다. 그래서 일반적인 수업 모델과 마찬가지로 학습 경험의 설계와 운영은 여전히 교사가 주도한다.

반면 개별 맞춤형 학습 모델에서는 교육 활동 내용이나 학습 진단 방법을 결정하는 데 학생들의 의견을 적극적으로 반영한다. 그래서 학생들은 교육을 설계하고, 평가하고, 발표하는 모든 과정에 참여한다. 의견을 내고, 조사하고, 분석하고, 개선하고, 모의 관객 앞에서 발표하는 전 과정에 보다 주도적인 입장에 선다.

프로젝트 기반 학습에 대해 잘 아는 사람이라면 프로젝트 기반 학습도 표 1-1에 독립된 항목으로 포함해야 하는 것 아닌가 싶을 것이다. 포함하지 않은 이유는 간단하다. 우리는 프로젝트 기반 학습을 개별 맞춤형 학습이라는 큰 범주에 포함되는 모델로 보기 때문이다. 프로젝트 기반 학습은 학생들이 교사가 마련한 프로젝트 내에서 몇 가지 세부 사항을 선택하는 데에서 벗어나서 독립적으로 프로젝트를 기획하고 실행하는 쪽으로 발전하는 과정에 해당하는 모델이다. 이런 프로젝트 기반 학습은 해결해야 할 문제나 질문, 지속적인 조사, 진위 여부, 학생의 의견과 선택, 반성, 비판, 개선, 공동의 결과물 등을 항상 포함한다(Larmer, Mergendoller, Boss, 2015). 그 과정에 학생들이 생각하고, 창조하고, 공유하고, 발견할 기회를 어느 정도 누리는지 명확히 파악하려고 할 때 개별 맞춤형 학습의 네 가지 특성(목소리, 공동 창조, 사회적 구성, 자기 발견)을 기준으로 활용할 수 있다.

우리가 이 책에서 다루는 학생 중심의 개별 맞춤형 학습은 강렬하고 역동적이며 주위에 미치는 파장이 상당하다. 이 학습 모델은 각 교과 영역을 구분하는 장벽, 학교 사회와 외부 사회를 가로막는 장벽, 개인의 성취와 공동체의 발전을 구별하는 장벽을 없애는 시도이기 때문이다. 학생들은 함께하는 어른들, 또래 친구들, 전문가들에게 영향을 받고 그들에게 배우면서 지식을 사회적으로 형성해나간다. 그리고 자기 자신에 대해 알게 된 것을 나침반 삼아 선택하고, 결정하고, 적극적으로 참여해 나간다.

이렇게 되기까지는 솔직히 만만치 않을 것이다. 그 과정에서 학생들이 직면하는 어려움을 잘 헤쳐 나가도록 교사들은 어떻게 도울 수 있을까?

마음습관, 참여와 배움의 기본이 되는 성향

학생들이 더 높은 사고와 학업 성과에 도달하기를 원한다면 학생들에게 지금보다 한층 다양한 기술과 태도를 실천하고, 발전시키고, 증명할 기회가 있어야 한다. 현재 널리 쓰이는 단편적인 평가 방식으로는 충분하지 않다. 표준화된 시험은 대부분 교과 지식을 평가해서 보고하는 데에만 초점을 맞춘다. 그것도 물론 중요하지만 그보다 더 시급한 것은 결과가 즉각적으로 드러나지 않는 프로젝트를 수행할 때 필요한 습관을 학생들이 키울 수 있게 돕는 일이다. 즉 학생들이 '마음습관'을 키워서 전략상 중요한 능력을 활용하고, 어려운 문제를 해결하는 데 적극적으로 참여하면서 자신들의 능력과 지혜를 키우게 해야 한다.

습관이란 딱히 의식하지 않고도 자동으로 하게 되는 무엇이다. 예를 들어 자동차 운전을 하는 경우를 생각해보자. 사람들은 일단 운전을 배우고 나면 핸들 조종, 가속, 감속, 추월, 차선 합류 등을 어느 정도 자동적으로 할 줄 안다. 다만 도로가 빙판이 되었거나 움푹 팬 곳이 있어서 특별히 주의가 필요한 상황에서는 운전자가 정신을 바짝 차려야겠지만 말이다. 이렇듯 환경에 지장을 주는 요소가 있으면 결정을 내릴 때 주의가 필요하다. 마찬가지로 학생들은 평소에는 시험에 나올 만한 부분을 암기하며 보통 '자동적'으로 대응하지만, 명확한 답을 즉시 알 수 없는 불확실한 환경에서는 더 신중하게 생각해야 한다. 그럴 때 유연하게 사고하기, 질문하기, 문제 제기하기와 같은 마음습관이 발현되면 상황이 아무리 복잡하더라도 자신 있게 방향을 찾아 나아갈 수 있다. 마음습관은 자동 반응 상태에서 의식을 집중한 상태로 전환하는 그 중요한 지점에 자리한다.

표 1-2에는 열여섯 가지 마음습관이 표로 정리되어 있다(Costa & Kallick, 2008). 이 열여섯 가지 마음습관은 지능을 바라보는 현대적인 관점을 반영해서 전통적인 능력 중심 이론에서 벗어난 성장형 사고방식(growth mindset : 미국 심리학자 캐롤 드웩이 제시한 용어로, 무엇이든 새롭게 배워 나갈 수 있다고 믿는 마음자세를 뜻함. 고정형 사고방식에 대립되는 개념–옮긴이)을 기반으로 한다. 이 습관들은 '소프트 스킬' 또는 '비인지적 스킬'이라는 용어로도 흔히 불리는데, 그런 이름만 들었을 때는 쉽게 습득할 수 있는 기술로 느껴진다. 그렇지만 사실은 고도의 인지적 의식

표 1-2 16가지 마음습관

끈기 있게 매달리기 **"포기하지 마라!"**
과제를 완수할 때까지 끈기 있게 노력하고, 끝까지 집중하기

충동 조절하기 **"서두르지 마라!"**
먼저 생각하고 행동으로 옮기기, 차분하고 사려 깊게 생각하기.

이해하고 공감하는 마음으로 듣기 **"타인을 이해하라!"**
다른 사람들의 생각과 의견에 주의를 기울이기, 다른 사람들의 견해나 기분을 이해하기 위해 내 생각은 잠시 보류하기

유연하게 사고하기 **"다른 측면에서 보라!"**
관점을 바꾸고, 대안을 생각해 내고, 선택 가능한 여러 조건을 고려하기

내 생각에 대해 생각하기(메타 인지) **"내가 아는 것이 무엇인지를 파악하라!"**
자기 생각, 전략, 기분, 행동을 인식하고, 그것이 다른 사람에게 어떤 영향을 끼치는지에 주의를 기울이기

정확성과 정밀성 기하기 **"한 번 더 확인하라!"**
정확하고, 확실하고, 완성도 높은 결과를 내기 위해 노력하기

질문하고 문제 제기하기 **"정말 그런지 어떻게 확신하는가?"**
의문을 제기하는 태도 갖기, 결론을 얻기 위해 어떤 데이터가 필요한지 인식하고, 질의 전략을 세우기

과거의 지식을 새로운 상황에 적용하기 **"배운 것을 활용하라!"**
알고 있는 지식을 적용해서 배운 것 이상으로 활용하기

정확하고 명료하게 생각하고 대화하기 **"명확히 말하고 행동하라!"**
말이나 글로 다른 사람들과 소통할 때 정확히 전달하기 위해 노력하고, 과잉 일반화, 왜곡, 결실이 생기지 않도록 주의하기

모든 감각을 동원해서 자료 수집하기 **"본능을 활용하라!"**
미각, 후각, 촉각, 근육 감각, 청각, 시각 등 모든 감각 기관을 통해 데이터를 수집하기

창조하기, 상상하기, 혁신하기 **"지금까지와는 다른 방법을 시도하라!"**
새롭고 참신한 아이디어를 만들고, 능숙함과 독창성을 추구하기

경탄하는 마음으로 받아들이기 **"해결하는 과정을 즐겨라!"**
놀랍고 신비로운 세상을 발견하고, 경이로운 현상과 아름다움에 호기심 느끼기

 위험부담이 있는 모험하기 **"위험을 무릅쓰고 도전하라!"**
대담한 자세로 익숙하고 자신 있는 영역 밖의 분야에 도전하기

 유머 찾기 **"유쾌하게 웃어보자!"**
엉뚱하고, 기이하고, 예기치 못한 점을 찾아보고 기분 좋게 웃고 넘어갈 줄 알기

 상호 협조적으로 사고하기 **"협력하라!"**
타인과 함께하는 상황에서 상대방에게 배우고 협력하기

 지속적인 배움에 열린 마음 갖기 **"경험에서 배워라!"**
겸손과 자부심을 가지고 잘 모른다는 사실을 인정하기, 현실에 안주하지 않기

출처: Learning and Leading with Habits of Mind: 16 Essential Characteristics for Success (pp. xx–xxi), by A. Costa & B. Kallick, 2008, Alexandria, VA: ASCD. Copyright 2008 by ASCD.

이 필요하기 때문에 가장 키우기 힘든 기술에 속한다. 근본적으로는 '내가 지금 할 수 있는 가장 신중하고 사려 깊은 일은 무엇인가?'라는 질문에 답하는 내면의 나침반이다. 그래서 교실이나 학교 환경이 네 가지 특성(목소리, 공동 창조, 사회적 구성, 자기 발견)을 바탕으로 운영될 때, 교사와 학생들은 마음습관을 기반으로 하여 그들 자신과 다른 사람들에게 가치를 부여할 것이다. 그리고 궁극적으로는 학교 안팎에서 마주치는 복잡한 상황에 대처하는 데 마음습관을 지침으로 활용할 것이다.

교사와 학생들 모두가 마음습관에 능숙해지면 각 상황에서 어떤 유형의 습관이 필요한지 매번 돌이켜 따져보지 않고 바로 적용할 수 있다. 다른 습관들과 마찬가지로 마음습관도 연습을 많이 할수록 무

의식적으로 나올 가능성이 높다. 예를 들어 학생들에게 프로젝트가 주어졌을 때, 그들은 프로젝트를 추진하는 과정에서 창조하고 상상하고 혁신하며 '마음 근육'을 단련한다. 급우들과 협력하면서 사고의 유연성을 키우고, 상대방의 생각과 의견을 열린 태도로 받아들이며, 한결 능숙하게 대처하는 법을 배운다. 또 질문과 문제 제기를 통해서 연구 과제를 더 정교하게 다듬고, 기본 자료를 인터넷에서 조사하면서 명확한 언어를 사용하는 훈련을 한다.

그리고 무엇보다 불확실성 속에서도 교사와 학생 모두 포기하지 않고 끈기 있게 매달린다. 사려 깊고 진지한 태도로 삶에 임하기 위해 마음습관을 받아들였던 각 개인들은 어떤 역량이 성공에 영향을 끼치는지 더 잘 알고, 그 역량에 더욱 집중하게 된다. 그와 비슷한 맥락에서 장기적인 큰 목표를 이루기 위해 마음습관을 받아들였던 학교는 학생, 교사, 행정 직원, 부모, 지역 주민들과 함께 신중하고 사려 깊게 행동하는 학습 공동체를 만들어 간다.

마음습관을 접목한 개별 맞춤형 학습

마음습관을 접목한 개별 맞춤형 학습은 보다 전체론적인 입장에서 교육에 접근한다. 우리 어른들이 아이들에게 바라는 것이 열망을 추구하고, 문제를 탐구하고, 해결책을 구상하고, 궁금증을 해소하고, 결과물을 창출하는 것이라면 의미 있는 문제에 도전하고 '유연하게 사고하기, 이해하고 공감하는 마음으로 듣기, 질문하고 문제 제기하기' 등의 마음습관을 익힐 기회를 아이들에게 반드시 제공해야 한다. 다시 말해 학생들이 마음습관의 다양한 사고思考 행동을 경험할 수 있는 개별 맞춤형 학습 모델이야말로 우리에게 꼭 필요한 구조적 토대라 하겠다.

그런 방향으로 나아가기 위해서는 교사와 학생들이 생각을 달리하여 새로운 학습 방식에 전념하기로 결심해야 한다. 그렇다면 사고 방식을 어떻게 바꾸어야 할까? 마음습관을 결합한 개별 맞춤형 학습의 특징을 보여주는 네 가지 관점에 대해 살펴보자.

학습은 교사가 안내하고 학생들이 지휘하는 활동이다

교사가 교육과정을 전적으로 결정하는 경우, 정해진 목표와 평가를 모든 학생이 빠짐없이 이수한다는 강점이 있다. 이때 교육과정의 구체적인 항목은 영역별로 계획하고, 시행하고, 관찰하고, 학습에 끼치는 영향을 평가해서 다듬을 수 있다. 그 과정에 학생들이 주도권을 쥐고 어떤 과제, 프로젝트, 평가 방식을 도입할 것인가를 교사와 함께 결정해 나간다는 점이 바로 개별 맞춤형 학습의 큰 특징이다.

물론 직접 의견을 내는 것을 별로 달가워하지 않거나 귀찮게 여기는 학생들도 있을 것이다. 그렇다고 학생들의 무관심을 핑계로 참여의 기회를 차단해서는 안 된다. 실제로 교사가 결정한 학습 과제나 해결할 문제, 완성해야 할 텍스트에 흥미를 못 느끼는 학생들이 얼마나 많은가. 우리 교사들의 임무는 학생들이 포기하지 않고 끝까지 집요함을 발휘하고, 새로운 상황에 과거의 지식을 적용하며, 자기 생각에 대해서도 객관적인 시선으로 들여다볼 수 있도록 지도하는 것이다. 그렇게 되면 자연스럽게 학생들이 바라던 성과를 위해 주도적으로 학습하고 전념하도록 유도할 수 있다.

학생은 교과 지식과 여러 교과에 걸친 다면적인 역량을 모두 키운다
미국 과학교원협회(NSTA)나 미술교육협회(NAEA) 같이 특정 교과별로 조직된 단체들은 각 교과가 다루는 핵심 개념, 지식, 기술을 명확히 제시한다. 그리고 기대하는 목표를 주기적으로 검토하고 개선해서 그런 목표가 확실히 실현 가능하고, 최신 기술과 지식이 지속적으로 추가되고, 더 넓은 관점을 반영하도록 늘 주의를 기울인다. 반면 '21세기 역량 개발을 위한 파트너십(Partnership for 21st Century Skills)'이나 '미국 주지사 협회 모범 사례 연구소(National Governors Association Center for Best Practices)' 같은 단체들은 교육의 초점을 다면적인 역량 향상에 두어야 한다고 주장한다.

각 교과별 목표가 중요하지 않은 건 아니지만 학생들이 지금과 같은 사회에서 성공하려면 교과별 목표만 내세우는 방식으로는 턱없이 부족하다. 개별 맞춤형 학습에 대해 깊이 연구하면 할수록 더욱 절실히 느낀다. 예를 들어 엔지니어의 역할을 알아보는 수업이라고 하자. 단순히 관련 학습 자료를 읽고 간단한 질문에 답하는 방식으로도 학습은 가능하다. 하지만 미술 수업과 연계해서 공학 설계 과정을 실제로 경험할 기회를 제공한다면 학생들은 직접 만들고 상상하고 새롭게 아이디어를 내면서 비판적인 사고와 문제 해결 능력을 키우게 될 것이다. 마찬가지로 세계 곳곳에서 벌어지는 분쟁에 대해서 조사하고 보고서를 작성하는 식으로 배울 수도 있다. 하지만 그보다는 국어 시간에 배운 인터뷰 기술을 활용해서 그런 분쟁의 영향을 받은 사람들을 인터뷰하면서 그들이 겪는 고난을 마음으로 이해하고, 세계 언론이 보도하는 상황과 각 개인의 입장이 어떻게 다른지 비교한다면 훨씬 효과적일 것이다.

학생은 교과 지식과 상황에 맞게 사고하는 방식을 모두 배운다

교과 지식을 가르치느냐, 문제를 해결하는 데 필요한 사고방식을 가르치느냐는 서로 대립하는 목표가 아니라 상보적으로 함께 추구해야 할 목표다. 사고방식을 가르치는 것이 지식을 가르치는 것만큼 중요하다는 사실을 인식하는 학교들은 교육과정에 의도적으로 마음습관을 포함시킨다. 즉 커리큘럼, 수업 내용, 평가 과정에 비판적이고 창조적으로 사고하는 방법과 문제를 해결하는 방법을 다룬다.

학생들이 창의적인 사고가 필요한 활동에 참여하는 경우 16가지 마음습관 중에서 적어도 두 가지, 즉 '위험부담이 있는 모험을 하기'와 '창조하기, 상상하기, 혁신하기'를 체험한다. 이런 습관들은 몇 가지 행동으로 나누어 가르칠 수 있는데, 이때 교사는 지속적으로 마음습관을 활용한 사례와 활용 방법을 제시하여 학생들의 사고가 최선에 이르도록 안내한다. 학생들은 마음습관을 실제로 사용하고 더 발전시켜서 완벽한 자기 주도 학습을 실천해 나간다. 그렇게 되면 배우고 활동하는 과정에 지속적으로 수준 높은 인지 능력을 활용하게 될 뿐 아니라 메타인지 수준 또한 높아져서 효율적 사고를 위해 마음습관을 언제 어디에서 활용할지 더 잘 인식하고 결정할 수 있게 된다.

기준을 따르면서 학생에게 창조의 자유를 충분히 허용한다

교사들은 기본 규범에 부합하는 공동의 교육 목표를 세워야 하지만, 그와 동시에 공동체의 가치와 염원도 중시해야 한다. 그래서 교사들은 보다 넓은 목표를 설계하고, 학생들의 발전을 가늠할 역량의 범위를 정하고, 그 안에서 학생들이 연구 목표나 아이디어를 제안하고 발전시키도록 환경을 제공한다. 개별화 방식이 교육 목표에 부합하는지, 필요한 자원과 방침이 무엇인지 밝히는 과정에 교사와 학생들이 협력해 나갈 수 있다.

실례로 노스캐롤라이나의 샬럿-메클런버그 학군의 교사들은 협의를 통해 마음습관을 접목한 개별 맞춤형 학습 방침을 결정했다. (자세한 내용은 표 1-3을 참조하라). 이 학군에서는 아침 회의 시간이나 프로젝트 기반 수업 같은 시간에 교사들이 개별적으로 마음습관의 세부 항목을 교수 활동에 활용하기도 하지만, 유치원에서 고등학교에 걸친 학군 전체적으로 보다 넓은 차원에서 마음습관을 적용해서 공통된 기준을 만들어가고 있다.

표 1-3 샬럿-메클런버그 지역에서 진행 중인 개별 맞춤형 학습의 개요

개별 맞춤형 학습 : 학습자의 개요

CMS(Charlotte-Mecklenburg Schools)

개별 맞춤형 학습

샬럿-메클런버그 지역 학교들의 개별 맞춤형 학습 프로그램은 학생들을 변화무쌍한 세계에서 성공하는 유망한 시민으로 키워내는 것을 목표로 삼는다. 낙제생 없이 모두가 학습을 완수할 수 있도록 다양한 길을 제시하며 아이들을 전인적인 존재로 키우고 아이들 스스로가 학습을 주도하도록 유도한다.

개별 맞춤형 학습을 수행하는 학생들은 이렇게 되고자 노력한다.

창의적이고 비판적인 사상가
행동하기 전에 생각한다. 늘 문제를 새로운 방식으로 조사하고 창의적인 해결책을 모색한다. 상상력 덕분에 나 자신을 표현하고 새로운 아이디어를 발전시킬 수 있다. 또 설계 과정을 활용해서 생각을 이끌어 나간다.

유능한 소통 전문가
내 생각이나 질문, 해결책, 발상을 대화로 또는 글이나 온라인 매체를 포함한 다양한 방식으로 명확히 표현한다.

협력자
공동의 목표를 달성해야 할 때 다른 사람들과 더불어 각자의 재능, 전문성, 지능을 한 데 모아 능률적으로 협력한다. 나는 남의 이야기를 귀 기울여 들을 뿐 아니라 내 의견도 적극적으로 피력하면서 구성원의 역할을 충실히 한다.

기업가
기존과는 다른 방식으로 생각하고, 혁신해 나가는 과정에서 회복탄력성이 높다. 또 어려운 과제라도 끝까지 포기하지 않고 해낸다. 부족한 부분이나 어려움이 무엇인지를 파악하고, 그런 부족함을 해소하기 위한 해결책을 강구한다.

유연하고 융통성 있는 사람

변화에 적응할 수 있다. 다양한 환경에서 유능하게 과업을 수행해 낸다. 남들의 장점을 가치 있게 여기고, 그를 통해 배운다.

피드백을 선뜻 받아들이고 성찰하는 사람

다른 사람에게 받는 피드백을 더 나은 사람이 되고 성장에 필요한 기량을 계발하는 데 도움을 주는 소중한 의견으로 받아들인다. 과거의 경험을 비판적으로 돌아보면서 미래의 발전에 도움을 얻기도 한다. 나 자신의 전략, 감정, 행동은 물론 그것들이 남에게 끼치는 영향까지도 잘 알고 있다.

리더

지켜보는 사람이 있든 없든 늘 옳은 일을 한다. 그리고 주위 사람들에게 힘을 주고 든든히 지원해준다. 나 자신의 발전을 위해 끊임없이 노력하며, 항상 긍정적인 태도와 유머로 상황에 임한다.

마음이 열린 사람

나는 새로운 아이디어를 진지하게 듣고 고려할 자세가 기꺼이 되어 있으며, 처음 품었던 생각이 부정확할 수도 있음을 잘 안다. 또 남을 존중하고, 태도가 객관적이며, 다양한 관점에서 바라볼 줄 안다.

자기주도적 학습자

목표와 시간을 관리하고, 혼자 힘으로 과제를 할 수 있으며, 주도적으로 나서서 나 자신의 능력을 키운다. 교육은 평생 지속되어야 한다고 믿는다. 내가 하는 활동에 자부심을 갖는다.

모험하고 도전하는 학습자

나는 새롭고 어려운 도전에 이끌리고, 그런 도전을 기꺼이 받아들인다. 나는 수완이 좋고, 실수와 실패를 성장과 배움의 기회로 본다.

모든 아이들이, 날마다, 더 나은 내일을 향해!

출처 : 노스캐롤라이나주 샬럿-메클런버그 학군

1장을 마치며

이제 학교는 학생들이 각자의 '목소리'를 키워서 의견을 적극적으로 개진하고, 함께 힘을 모아 '공동 창조'하는 능력을 기르며, 학생들에게 '사회적 구성'과 '자기 발견'의 유익함을 탐색할 기회를 더 많이 제공하는 방향으로 나아가야 한다.

교사들은 이런 질문을 자주 던진다. '개별 맞춤형 학습이란 모든 학생들이 서로 다른 활동을 하게 되는 것을 의미하는가?' 우리는 이렇게 답한다. 학생 개개인의 흥미에 따른 경험은 대개 학습을 위한 부가적인 기회로 제공된다. 즉 그런 활동은 학생들이 무언가를 새롭게 시도하고 만드는 과정을 통해 교과 지식이나 바람직한 마음 자세를 계발할 기회를 높이는 추가적인 수단이다. 그렇다면 질문처럼 한 교실에서 여러 가지 프로젝트가 동시에 진행될 가능성이 크고, 학생들은 각자의 흥미와 관심에 따라 원하는 활동을 선택할 것이다.

전통적인 교실 수업에서는 교사가 명확히 규정된 커리큘럼에 따라 학생들과 상호작용하며, 학생들에게 창의적 활동 기회가 일부 허용되더라도 그 기본 틀은 변함없이 유지된다. 반면 마음습관을 접목한 개별 맞춤형 학습은 전통적인 수업 방식에서 완전히 벗어나 학생들이 스스로의 길을 찾아가도록 믿고 기다려주는 분위기 속에서 학생과 교사들이 예전과는 다른 방식으로 상호작용한다. 그러면서 학교 경험이나 수업 경험에 변화가 생기고 더 좋아진다. 어떤 식의 변화가 생기는지 그 구체적인 내용은 다음 장에서 살펴보기로 하자.

2장

**학생이
주도적으로
실행할 수 있게 하자**

학생이 주도하는 개별 맞춤형 학습에서
교사와 학생의 역할에는 어떤 변화가 필요할까?

학생 주도의 개별 맞춤형 학습은 교사와 학생이 서로 상호작용하는 인적 측면을 중시한다. 이번 장에서는 개별화를 효과적으로 반영하기 위해 커리큘럼을 어떻게 재구성하면 좋을지, 학생이 보다 주도적인 역할을 하려면 교사의 임무를 어떻게 재구성해야 교사가 학생의 충실한 동반자가 될 수 있을지에 대해 살펴본다.

목소리, 공동 창조, 사회적 구성, 자기 발견의 기회를 제공하는 학습 공동체를 만들기 위해서는 다음과 같은 일곱 가지 핵심 요소를 다루어야 한다.

1. 목표
2. 탐구, 아이디어 발상
3. 과제와 청중
4. 평가
5. 종합적인 학습 검증

6. 수업 계획

7. 피드백

위의 요소들은 《개별 맞춤형 학습(Learning Personalized)》(Zmuda, 2015) 에서도 핵심적인 문제로 다루었고, 이 분야의 연구 결과와 새로운 사실들이 속속 밝혀지면서 이해의 폭도 지속적으로 확장되고 있다. 개별 맞춤형 학습이 뿌리 내리고 번창할 수 있는 환경을 조성하려면 바로 이 일곱 가지 요소에 변화를 줘야 한다. 즉, 교사와 학생의 역 할에 변화가 필요하다는 뜻이다.

다음 장부터 이 요소들을 한두 가지씩 묶어서 살펴보면서 앞으로 어떤 변화가 필요한지, 새로운 접근법을 적용하고 발전시키는 데 필 요한 마음습관은 어떤 것인지, 교실 수업 방식을 조정하려면 어떤 도 구와 전략이 필요한지에 대해 논할 것이다(참고로 일곱 가지 핵심 요소, 각 요소에서 교사와 학생의 역할, 연관된 마음습관의 목록을 부록에 정리해두었다). 각 요 소를 먼저 설명하고, 수업 설계와 관련한 결과를 반추하는 질문과 각 요소가 학생과 교사의 역할에 끼치는 영향에 대해 논한다. 마지 막으로 개별 맞춤형 학습을 전개하는 과정에서 확실하게 나타날 것 으로 기대하는 마음습관을 소개하고 함께 살펴볼 것이다.

하지만 그 전에 우선 일곱 가지 요소를 개괄적으로 설명하면서 개 별 맞춤형 학습 환경에서 각 요소가 어떤 형태로 나타나는지, 목소 리 · 공동 창조 · 사회적 구성 · 자기 발견의 기회가 어떤 식으로 마 련되는지 살펴보자.

1. 목표 어떤 결과를 기대하는가?

교사들은 목표를 염두에 두고 출발할 때의 이로움과 학생들이 알고, 이해하고, 할 수 있게 되기를 바라는 것을 기초로 계획했을 때의 이로움을 익히 알고 있다. 개별 맞춤형 학습 환경에서는 교사와 학생들이 정해진 주제, 주어진 시간, 각 학생의 희망을 적절히 고려해서 교과별 목표, 통합 목표(예: 비판적 사고, 협동, 창의력), 성향에 관한 목표(예: 충동성 조절하기, 이해하고 공감하는 마음으로 듣기)를 함께 모색한다.

교과별 목표와 통합 목표는 교육부에서 마련한 기준과 지방 교육청에서 정한 기준을 모두 충족해야 한다. 그리고 교사와 학생들 모두 무엇이 최우선인지를 파악하고, 학습 목표가 학생들이 수행하는 과제나 성과물에 어떤 영향을 끼치는지를 이해하도록 명확하고 이해하기 쉬운 언어로 기술해야 한다.

예를 들면, 뉴욕 록랜드 카운티에 있는 노스 록랜드 센트럴North Rockland Central 학군에서는 과학 탐구 활동과 관련해 교사가 밝힌 목표와 학생이 밝힌 목표를 각각 확인했다. 각 목표는 미국의 '차세대 과학 교육 기준(NGSS : Next Generation Science Standards)'뿐 아니라 '공통 교육과정(CCSS : Common Core State Standards)'의 영어와 수학 교육 기준에 부합하는 것이다. 표 2-1은 교사와 학생이 밝힌 목표 중에서 세 가지를 정리한 것이다.

학생들은 목표를 명확히 표현하는 과정에서 '목소리'를 연습할 기회를 얻는다. 학생의 생각과 관점이 어떤 수행 과제를 이행하는 방법과 성취하려는 목표의 중심이 된다. 학생들은 성취하려는 목표가 무엇인지, 더 능숙하게 상황에 적응하고 신중하고 사려 깊은 사람이 되는 데 무엇이 도움이 될지를 생각한다. 그 과정에서 교사와 의견을 나누면서 '공동 창조'한다. 학생들이 이런 중요한 문제들에 관심을 기울일 때 비로소 자신의 강점과 약점을 발견할 수 있다. 이런 과정은 '자기 발견'에 꼭 필요한 경험이다. 또한 자기 자신에 대한 통찰 덕분에 다른 사람에게 조언이나 도움, 피드백을 요청할 수 있다 (사회적 구성).

표 2-1 교사와 학생이 각각 제시한 교과 목표

교과 목표(교사)	교과 목표(학생)	관련 기준
질문을 던져서 문제를 규정하고 아이디어를 발전시킬 수 있도록 한다.	공정한 실험(잘 통제된 실험)을 하거나 어떤 모델을 설계하기 전과 후에 적절한 질문을 할 수 있다.	· NGSS : 초등5학년 실습1, 초등2학년 ETS(설계, 기술, 과학의 응용) 1-1, 초등3~5학년 ETS 1-1 · CCSS 영어 : 초등1학년 읽기1, 말하기와 듣기1 · CCSS 수학 : 1
정해진 체계나 개념을 관찰하고 조사해서 과학적인 내용을 보다 깊이 있게 이해할 수 있게 한다.	해당 주제와 관련한 체계나 개념을 이해하는 데 도움이 되는 관찰을 할 수 있다.	· NGSS : 초등5학년 실습6, 초등2학년 ETS 1-1, 초등3~5학년 ETS 1-1 · CCSS 영어 : 읽기3, 읽기7, 쓰기7
꼼꼼하게 자료를 수집하고, 기록하고, 안전 규정에 따라 연구를 계획하고 실행해서 가설을 확인한다.	데이터를 수집하고 기록하기 위해서 모둠 구성원들과 함께 공정한 실험을 계획하고 수행할 수 있다.	· NGSS : 초등5학년 실습3, 초등5학년 실습5, 초등2학년 ETS 1-1, 초등3~5학년 ETS 1-3 · CCSS 수학 : 1, 2, 4, 5, 6

출처 : 뉴욕 주 노스 록랜드 센트럴 학군

2. 탐구, 아이디어 발상 해당 주제의 어떤 부분이 생각을 자극하는가?
탐구해 볼 가치가 있는 것은 무엇인가?

개별 맞춤형 학습 환경을 조성하려면 교사가 계획한(혹은 소프트웨어로 제작된) 표준화된 활동에서 벗어나서 학생들이 직접 교육 경험을 구상하는 쪽으로 완전히 방향을 틀어야 한다. 여기서의 목표는 커리큘럼을 탐색하는 활동을 학생들에게 맡기는 것이다. 학생들은 해당 주제 안에서 마음에 와 닿는 부분과 더 깊이 알고 싶은 부분을 골라내서 탐구할 문제와 아이디어뿐 아니라 탐구 과정의 구성에 이르기까지 명확히 밝혀야 한다. 그 과정에서 근본 원인을 밝히기 위해 '질문하고 문제 제기하기', 다양한 관점을 고려하기 위해 '유연하게 사고하기', 구체적인 행동 방침을 정하는 과정에서 '자기 생각에 대해 생각하기' 같은 마음습관을 익히게 된다. 다음 예를 보며 생각해보자.

- **과학 탐구 대회 프로젝트** 학생들이 주제, 탐구 계획, 결과물을 정한다. 이때 연구할 문제의 명확성, 실험 설계와 방법의 적절성, 데이터를 수집하고 분석하고 결론을 도출하는 과정의 정확성, 발표의 질, 창의성, 끈기, 명확하고 정확한 의사소통 등을 고려해야 한다.
- **가두연설** 어떤 문제점이나 필요성을 알리거나, 흥미로운 사건이나 연구를 소개하거나, 어떤 행동을 촉구하는 등 학생들이 공동체 구성원에게 전달하고 싶은 의견을 발표한다. 이때 학생들은 연설 내용·글의 구성·언어 표현·전달 방법 등이 적절한지 확

인하고, 다양한 관점을 고려하는 열린 사고를 하고, 청중의 관심과 참여도에 주의를 기울여야 한다.

● **건강 문제** 자신이나 자기가 아끼는 사람들이 겪는 건강 관련 문제를 조사해서 보고서를 만든다. 그 과정에서 핵심 안건이나 문제가 명확한지, 자료를 신뢰할 수 있으며 그 자료에 제시된 정보가 정확한지, 보고서를 본 사람들이 얼마나 신뢰성 있게 받아들일지 등을 고려한다. 또 학생들은 창조하고, 상상하고, 혁신해서 가능한 대안을 찾아 나가야 한다. 학생들은 조사 과정에서 상황이 어떻게 느껴지고, 어떻게 보이는지 고려해야 하기 때문에 자료를 수집하면서 모든 감각을 활용할 기회도 얻는다.

학생들은 '탐구, 아이디어 발상' 과정에 직접 참여하면 각자의 의견을 밝히고, 편견이나 오해에 대해 이야기를 나누고, 개인적으로 부족하거나 빠진 부분을 확인하고, 더 자세한 연구나 학습으로 연결될 만한 아이디어를 제안하는 과정에 각자의 '목소리'를 낼 수 있다. 학생들은 교사의 동반자가 되어 교수 설계를 함께 주도하는데, 전통적인 교실의 위계질서와 역학 관계를 고려하면 상당한 변화임에 분명하다.

학생들은 주어진 과제와 관련된 요소(예를 들면 관련 역사를 조사하고, 짧은 이야기를 지어내고, 이차함수를 증명하는 등)의 범위 안에서 계획을 실행하거나 조사 방법을 구상하면서 '공동 창조'한다. 그러려면 '질문하고 문제 제기하기' 같은 마음습관이 필요하다. 그런가 하면 학생들이 과제를 만드는 데 도움이 되는 정보 · 아이디어 · 다양한 관점 등을 찾기 위해서 해당 주제를 잘 아는 전문가나 또래의 의견을 구하고, 여러 사람들을 대상으로 아이디어나 잠재적인 문제점을 시험해 보면서 '사회적 구성'을 경험한다. 또 그 과정에서 '모든 감각을 동원해서 자료를 수집하는' 마음습관을 발달시킨다.

학생들은 직접 도전할 문제를 정하고 그 문제를 해결할 방법을 발견하는 과정에서 '자기 발견'을 경험한다. 학생들이 헤쳐 나가야 할 도전에는 문제 파악을 위한 실마리 찾기, 아이디어 구상하기, 무수히 시도해도 제대로 안 될 때의 좌절감을 슬기롭게 극복하기, 일어난 상황을 분석해서 궁지를 피하고 경로를 수정하기 등을 들 수 있다. 그 과정에서 '과거의 지식을 새로운 상황에 적용하기, 경탄하는 마음으로 받아들이기, 지속적인 배움에 열린 마음 자세를 갖기'와 같은 마음습관을 연습한다.

3. 과제와 청중 청중은 창작과 소통에 어떤 식으로 기여하는가?

개별 맞춤형 학습에서는 학생들이 오로지 교사와만 상호작용하는 것이 아니라 습득한 정보, 아이디어, 완성한 결과물을 교사 이외의 청중들 앞에서 발표할 기회를 갖는다. 어떤 과제를 진행할지, 그 과제를 누구 앞에서 발표할지는 동시에 결정되는 경우가 많다. 과제의 종류나 특성에 따라 자연스럽게 청중이 결정되기 때문이다. 물론 학생들을 각종 대회나 전시회에 내보내는 것도 청중이나 관중과 상호작용하는 방법이겠지만 반드시 그래야 하는 것은 아니다. 해당 분야를 평가하는 데 전문성을 갖춘 사람들을 초빙하는 방식으로 외부의 기준을 도입해도 동일한 효과를 볼 수 있다. 해당 업계의 표준이나 경진대회의 평가 기준을 교실에서 적용하면 학생들이 과제 수행 절차를 보다 흥미롭고 의미 있게 받아들인다. 몇 가지 구체적인 예를 살펴보자.

- **요리 프로그램** 학생들이 미국 레스토랑 협회(NRA)에서 주관하는 식품 안전 위생 자격증 서브세이프ServSaf를 취득한다. 보건부에서 시행하는 위생 점검 기준에 따른 조리실의 기본 위생과 안전 지침을 숙지하고, 현금 고객을 대상으로 간단한 레스토랑이나 출장 조리 업체를 운영하는 실습을 해본다.

- **스타트랙 리플리케이터 챌린지** 미래에 먼 우주를 탐험하는 임무에 나선 우주인들이 건강히 장수할 수 있는 방법을 모색하는 프로그램으로, 학생들은 2050년에 우주 탐험을 하는 승무원들의 영양분 섭취에 도움이 되는 장비를 3D 프린터로 만들어 본다. 가령 식물을 기르고 수확하는 설비, 음식을 조리하고, 먹고, 쓰레기를 처리하는 데 필요한 장비 등을 구상한다. 기본적으로 가로 세로 높이가 각각 15센티미터 정도인 물체를 프린트할 수 있는 3D 프린터, 모형(지구의 달, 다른 행성, 다른 행성의 달), 장기 우주 탐험에 필요한 장비 모형, 학생이 각자 고른 3D 프린팅 재료(먹을 수 없는 것) 등이 포함된다. 프린팅 재료로는 현존하는 물질이나 상상 속 미래의 재료 모두 활용 가능하다.

● **청소년 기자단**(http://youthjournalism.org) 만 12~22세 학생을 대상으로 하는 이 프로그램은 학생들이 각자 주제를 정해 생각을 정리하고, 좋은 글쓰기 요건과 신문 기사 작성 요령을 참조해서 기사를 쓰는 활동이다. 학생들은 중동과 북아프리카에서 벌어진 반정부 시위 '아랍의 봄'에서 인도의 강간 사건이나 미국 교내 총기 난사 사건을 바라보는 태도, 달라이 라마 인터뷰에 이르기까지 각자 관심 있는 다양한 주제를 파고든다.

학생들은 더 폭넓고 다양한 청중에게 발표할 생각으로 과제를 수행함으로써, 중요한 부분을 재검토하고 개선하기 위해 관련 사례를 참조하고 관련된 인물을 직접 인터뷰하면서 '목소리, 공동 창조, 사회적 구성'을 연습할 기회를 얻는다. 이때 학생들은 다른 사람의 관점을 고려하고 다른 이들의 보고를 들으면서 무엇이 효과적이고 효과적이지 않은지 확인할 수 있다. 또 뚜렷한 목표, 유연성, 명료성, 정확성을 가지고 소통하는 소중한 경험을 얻는다.

  학생들이 과제를 발표하거나 게재하는 과정은 '자기 발견'의 기회가 된다. 과제를 교사 앞에서 발표할 때는 부담이 크지 않지만 많은 사람들 앞에서 발표하는 불확실한 상황에서는 프로젝트를 기획하고, 만들고, 발표하는 모든 단계에 더 큰 자신감이 필요하다. 그러면서 학생들은 16가지 마음습관 중에서 '위험부담이 있는 모험하기'를 훈련할 수 있다. 실제로 학교 과제를 외부인들 앞에서 발표해야 할 때 학생들이 느끼는 심적 부담은 만만치 않다. 많은 학생들이 소셜미디어에 사생활을 공개하는 데에는 거리낌이 없으면서도 남들 앞에서 어떤 문제에 대한 해결 방안을 내놓거나, 자료를 분석해서 결과를 예측하거나, 예술적인 부류의 창작물을 발표하는 것은 무척 부담스럽게 생각한다.

4. 평가 주어진 과제에 대한 성과를 어떤 기준으로 평가해야 할까?

개별 맞춤형 학습에서는 교사가 단독으로 학생의 과제를 평가하는 데에서 벗어나 학생들의 자기 평가에 큰 비중을 두는 쪽으로 방향을 전환할 필요가 있다. 특히 평가의 첫 단계에서는 더더욱 그렇다. 학생들은 우선 자체적으로 평가를 하고, 그 뒤에 한 명 이상의 평가자와 의견을 나누면서 과제가 얼마나 적절히 평가되었는지를 검토한다. 이 경우 판단의 근거가 되는 것은 현실 세계에서 널리 통용되는 기준이다.

앞서 살펴보았듯 외부 기관이나 현실 세계에서 적용하는 기준(예를 들어 대회 규정, 좋은 원고가 갖춰야 할 요건, 업계 기준 등)을 활용하면 주어진 과제의 실용성을 높일 수 있다. 그 예를 두 가지만 살펴보자.

- 미술 교사가 '복도 전시회'를 계획한다. 이 전시회에서는 학생들이 주제와 관련된 기법이나 아이디어가 담긴 작품이나 글을 전시한다.
- 영어 교사가 학생들에게 '단편 소설 쓰기' 과제를 낸다. 과제 작성 요령은 관련 대회 기준을 참조해서 지금껏 외부에 발표된 적이 없는

작품이어야 하며, 작품 길이는 3,500단어 이내로, 컴퓨터를 활용해 더블스페이스로(한 줄을 쓰고 그 다음 줄은 비워 놓는 식으로) 작성해서 제출한다.(이와 관련한 구체적인 예는 로리안 헤밍웨이 단편소설 대회(http://short storycompetition.com/guidelines)를 참조하라.)

평가 기준을 마련하거나 개정하는 데 학생들이 참여하는 방법도 있다. 그렇게 되면 대체로 어떤 요건이 필요하며 특정 수준에 도달하려면 어떻게 해야 하는지를 학생들이 한층 깊이 이해할 수 있다. 학생과 교사가 커리큘럼 기준뿐 아니라 장단점이 명확히 드러나는 구체적인 사례를 확인해가며 목표 지향적이고 엄격한 평가 기준을 함께 만들기도 한다.

평가 과정에서는 학생들이 과제를 검토하는 데 보다 중요한 역할을 맡고, 교사와 상의해서 어느 부분에서 뛰어난 발전이나 성과가 나타났는지를 가려내기 때문에 학생들은 '목소리'와 '사회적 구성'을 연습할 수 있다. 또 명확한 기준과 관련 지침을 만들고 다른 사람의 과제를 평가하면서 '공동 창조'의 기회를, 자기가 완성한 과제물의 장점과 단점을 명확히 설명하면서 '자기 발견'의 기회를 얻는다.

5. 종합적인 학습 검증 주어진 시간에 배우고 발전했다는 사실을 어떻게 증명할 수 있을까?

점수를 종합해서 평가하는 방식에서 벗어나 그간 수행한 과제를 중심으로 학생들이 해당 기간 동안 얼마나 성장했는가에 주목하는 성적 체계로 전환해야 한다. 학생들이 제출한 과제와 학습 진행 상황을 기록하는 데 비용 측면에서 효과적인 학습자 관리 시스템을 도입하면서 학생의 장기적인 성과와 발전을 기록하고 알리는 방식에도 변화가 있었다.

개별 맞춤형 학습에서는 학생들의 책임 아래 각자 자신의 결과물을 모아서 정리한 뒤, 기대되는 결과를 기준으로 잘해냈거나 발전한 영역을 선별한다. 그 뒤에 청중(교사나 학생이 선정한 패널) 앞에서 발표한다. 교사는 학생들의 성적을 전체적으로 평가하고, 장기간 통합적으로 진행하는 프로젝트라서 인위적으로 몇 주씩 나누어서 평가하기 힘들 경우에는 학생 상황별로 적정한 시기를 정해 평가하기도 한다. 수행 과제를 중심으로 평가하는 체계에서도 전통적인 점수 체계나 능력을 가늠하는 기준을 병행해서 활용할 수 있다.

학습의 종합적인 검증 과정에 학생들의 역할이 커지면 학생들은 힘들었던 부분이나 새로이 깨달은 점을 명확히 밝히면서 '목소리'와 '자기 발견'을 체험한다. 또 다양한 결과물(예를 들어 완성된 디자인, 질문 중심의 연구 계획, 협동 능력과 관련한 팀 보고서)에서 얻은 증거를 토대로 결과를 요약하는 과정에 '공동 창조'를 실천한다. 그리고 교사와 함께 향상된 부분을 '사회적으로 구성'하고 다음 단원이나 주제로 확대해 나간다.

6. 수업 계획 학습 계획은 어떤 식으로 세우는가?

수업 계획을 개별화하기 위해서는 교사가 단독으로 수업을 계획하던 방식을 언제, 무엇을, 누구와 배울지를 결정하는 데 학생들의 의견을 더 많이 반영하는 쪽으로 바꾸어야 한다. 일반적인 교실 수업 시간에는 교사의 지도, 자율 학습, 기술 장비를 활용한 교육, 모둠 활동, 급우나 전문가, 교사와의 일대일 대화 등 다양한 활동이 진행된다. 교사가 수업 시간에 바짝 움켜쥐었던 고삐를 조금 늦추는 것을 편히 받아들이면 학생들에게 수업의 진행, 속도, 내용을 제안하고 결정할 더 큰 기회가 돌아간다.

개별 맞춤형 수업이 진행되는 교실에는 학생들의 필요에 따른 학습 공간이 있다. 미래학자이자 철학자인 데이비드 손버그David Thornburg(2004)는 수천 년 동안 학습 공간의 역할을 했던 장소로 다음 세 곳을 꼽았다.

- **모닥불** 한층 격식을 갖춘 환경에서 전문가나 스토리텔러에게 배우기
- **작은 연못** 소규모 집단의 대화나 협력 작업
- **동굴** 개인적인 학습, 숙고, 발전

이 공간들 모두가 학생 주도형 과제를 전개하는 데 도움이 된다. 이 세 공간에는 개별화의 네 가지 특성이 녹아 있다. 그리고 다양한 마음습관 중에서 여러 가지를 활용하고 발전시킬 기회를 제공한다. 예

컨대 '모닥불'은 마음습관 중 '질문하고 문제 제기하기'를 통해서 남들에게 배우고, 다른 이들과의 관계를 맺을 기회 등을 제공하는 '사회적 구성'에 해당한다. '작은 연못'은 '목소리'와 '공동 창조'의 토대가 된다. 소규모 집단에서는 구성원들이 협동하고 서로의 생각을 나누면서 '상호의존적으로 사고하기'를 폭넓게 경험할 수 있다. '동굴'은 학생들이 각자의 과제를 검토하고 아이디어를 발전시킬 수 있는 환경이기 때문에 '자기 발견'과 '공동 창조'를 경험하기에 적합하다.

개별 맞춤형 학습에서 수업 계획의 목표는 학생들의 자기주도적인 능력을 키우는 것이다. 자료를 가져다 쓰려면 반드시 사전에 허락을 받으라고 강요하기보다는 학생들이 원하는 정보와 경험을 얻는 데 필요한 자료를 소중히 다루고 책임 있게 사용하는 방법을 가르치는 것이 중요하다. 학생들은 일상적인 경험을 초월한 문화에 대해 알아보면서 '이해하고 공감하는 마음으로 듣기'를 배운다. 다음 예를 살펴보자.

- 학생들이 다항식과 부등식을 활용한 계산 능력이 필요한 복잡한 수학 문제를 풀어 나간다. 반 친구들, 수학 웹사이트, 교사는 물론 그 밖의 모든 자료와 수단을 활용할 수 있다.
- 한 학생이 좁은 집에서 공간을 최대한 활용할 방안을 찾기 위해 스카이프Skype(인터넷에서 음성 무료 통화를 할 수 있는 프로그램)를 이용해서 그 지역에 사는 한 건축가에게 자문을 구한다. 두 사람은 숨겨

진 공간을 활용한 부엌, 변형 가능한 식탁, 벽에 접어둘 수 있는 침대 등 공간을 다용도로 활용할 기발한 아이디어를 논의한다.

- 미국의 역사와 문학 시간에 학생들이 역사적으로 중요한 불평등 사례를 찾아서 설명하고, 그 설명을 뒷받침할 다양한 자료를 찾는 활동을 한다. 학생들은 개별적으로 혹은 모둠 별로 역사 속에서 불평등의 뿌리를 조사한다.

- 수준별 독해 프로그램인 프론트로Front Row(www.frontrowed.com)를 활용해서 다양한 수준의 글을 이해하는 능력을 키운다. 다섯 단계로 구성된 소논문 형식의 지문들은 주제별로 검색할 수 있는데 보통은 교사가 각 학생의 독해 수준에 맞는 글을 지정한다. 학생이 글을 읽고 그에 관한 독해 문제를 제대로 풀어내면 독해 레벨이 올라간다. 학생이 원할 경우에는 개별 학습 코너에 마련된 독해 문제를 풀면서 공부할 수 있다.

7. 피드백 피드백은 학생들의 성장을 어떻게 돕는가?

개별 맞춤형 학습 환경으로 나아가려면 전통적인 학교 수업에서 통상적인 체크포인트를 바탕으로 오로지 교사만 조언하는 피드백 방식에서 학생들이 자발적으로 피드백을 요청하는 방식으로 전환해야 한다. 피드백의 시점은 학생들이 초안을 완료했거나, 골치 아픈 문제가 드러났거나, 계획을 수정했거나, 변경된 부분의 영향을 알아보고자 할 때처럼 학생들의 활동이 전환되는 시점이 좋다. 유용한 피드백을 주려면 교사와 학생 모두 해당 과제의 기본 요건을 정확히 이해하고 있어야 하며, 그 기준 범위에서 논해야 한다. 그러면서 '지속적인 배움에 열린 마음을 갖는' 마음습관을 키울 수 있도록 한다.

피드백을 받는 학생은 다음과 같은 태도로 임한다.

- 걱정하는 부분이나 궁금한 점을 질문하거나 특히 조언이 필요한 한두 가지 분야에 대한 의견을 묻는 것으로 대화를 구성한다.
- 메모를 하면서 집중해서 듣고, 정확히 이해가 가지 않는 사항은 추가 질문을 한다.
- 시간을 내서 유용한 조언을 해준 데 대해 감사를 전한다.
- 혼자 또는 피드백을 준 사람과 함께 의논해서 향후 조치를 결정한다.

피드백을 주는 사람은 다음과 같은 태도로 임한다.

- 피드백을 요청하는 학생의 설명을 이해하고 공감하는 마음으로 듣는다.
- 되도록 긍정적이고, 건설적이고, 구체적인 조언을 제시한다.
- 그 분야에서 일반적으로 통용되는 평가 기준을 참조한다.
- 제시한 조언을 학생이 잘 이해했는지 확인한다.
- 의견을 청해주어서 고맙다는 인사를 전하고, 앞으로 추진할 목표를 세우는 데 도움을 준다.

학생들이 피드백을 주고받는 활동에 참여할 때는 각자의 목소리를 어떻게 내느냐가 중요하다. 교사의 조언에 대해 추가로 질문을 하면 자신에게 유용한 주제로 대화의 초점을 계속 유지할 수 있다. 이런 경험은 일회성에 그치지 않고 그 이후에도 효력을 미친다. 피드백을 받는 경험이 쌓이면 다른 사람에게 질문하거나 자문을 구할 때 질문하는 방식에 한결 신중해진다. 또한 반대의 입장에 섰을 때, 다른 사람에게 더 효과적으로 피드백을 줄 수 있다.

피드백 활동의 결과에 따라 학생들이 그 이후의 단계를 계획한다는 점에서 피드백을 주고받으며 나누는 대화는 '공동 창조'와 '사회적 구성'의 기회가 된다. 또 학생들은 과제와 그 과제를 수행한 사람을 분리해서 생각하고 평가하는 데 능숙해진다. 그 과정에서 자기 발견의 기회를 얻을 뿐 아니라 불편한 상황에서도 순조롭게 대화를 나누고, 솔직하고 실행 가능한 피드백을 전달하고, 대화를 나눈 뒤에 다음 단계로 나아가는 능력을 키워간다.

개별 맞춤형 학습에 대한 어느 교사의 성찰

변화하는 신세대 학습자에 걸맞은 역동적이고 유동적인 교육 체계가 필요하다는 데에는 모든 교사들이 공감한다. 하지만 한편으로는 그런 식의 변화가 불안하고 불확실하게 느껴지기도 할 것이다. 우리가 만났던 고등학교 생물 교사인 크레이그 개스터Craig Gastauer는 자신의 경험을 이렇게 회상했다.

교직에 몸담았던 지난 20여 년 동안, 제가 가르치는 학생들 전원이 배운 내용을 충실히 습득할 수 있게 해보려고 최선을 다했습니다. 물론 그 중 다수의 학생들은 목표를 이루었지만 그 정도로 만족할 수는 없었어요. 어떤 학생들은 학교에서 공부하는 법을 제대로 익혀서, 또 어떤 학생들은 순전히 피나는 노력 덕분에 원하는 목표를 달성했지요. 하지만 일부 학생들은 중간에 포기하며 떨어져 나갔습니다. 부끄럽지만 그렇게 되도록 내버려 둔 게 바로 저예요.

학생들이 어떤 성향이냐에 관계없이 더 잘 가르쳐야 한다고 생각해요. 제가 가르치는 아이들이 우연히 배우거나 그저 원래 잘하는 아이라서 배우는 식으로 교육이 진행되어서는 안 된다고 봅니다. 아이들이 학습 방식을 바꾸어 나가도록 교사인 제가 지도해야죠. 아이들이 전후 맥락 없이 내용만 공부하는 게 아니라 관련 쟁점을 검토하고, 문제점을 찾고, 잠재적인 해결책을 고민하고, 생각한 것을 실행에 옮길 수 있도록 해야 합니다. 또 지식이나 기법을 기계적으로 암기하는 방식에서 확인된 쟁점이나 문제점, 해결책, 행동 지침 안에서 지식을 적용하고 쌓아가는 쪽으로 바꾸어야 합니다.

우리가 생각하는 마음습관은 '사려 깊고 신중하게 행동하려고 의식적으로 노력하는 태도와 전략'이다. 마음습관은 과거의 경험을 통해 배우고, 자기 생각을 정확히 전달하고, 다른 사람들의 의견을 경청하고, 타인의 생각에 열린 마음으로 대응하는 유능한 사람들에게 나타나는 성향이다.

2장을 마치며

학습을 개별화한다는 말은 학습자를 교육과정의 중심에 둔다는 뜻이다. 우리가 소개한 일곱 가지 핵심 요소는 교실 수업을 설계할 때 학습자에게 더 중요한 권한을 주려고 교사가 의식적으로 노력하는 부분에 해당한다. 개별 맞춤형 학습의 네 가지 특성인 목소리, 공동 창조, 사회적 구성, 자기 발견은 우리가 지향할 핵심을 일깨우는 역할을 한다. 이 특성을 통해 기존의 교실 수업을 걸러 내면 우리가 현재 어디에 서 있으며 우리에게 주어진 과제가 무언인지를 알 수 있다.

현재 각자가 가르치는 교실에서 개별화가 얼마나 이루어졌는지, 또는 진행되고 있는지를 가늠하려면 이 장에서 설명했던 일곱 가지 요소를 돌아보면서 스스로에게 다음과 같은 질문을 해보자.

목소리 학생들에게 학습 내용이나 활동 과제에 대해 궁금하거나 걱정되는 점, 또는 과제 내용에 대해 보다 원론적인 깊은 생각이 있을 때 발언할 기회를 주는가? 학생들이 다른 사람의 의견에 동의하건 동의하지 않건 존중하는 마음을 바탕으로 서로 대화하도록 지도하는가? 학생들이 자기 스스로를 각자가 속한 학습 공간의 시민으로 생각하는가?

공동 창조 수업 내용을 설계할 때 학생들을 참여시키는가? 학생들이 교사와 그 분야 전문가들과 함께 수업을 계획하면서 스스로의 목표, 평가, 내용, 결과물을 정하는 과정에 적극적으로 참여하는가?

사회적 구성 학생들이 각자 배우거나 준비하는 과제에서 더 깊은 의미를 찾기 위해 다른 사람들에게 도움을 받는가? 해당 분야에서 더 깊은 지식과 경험을 쌓은 이들을 만날 기회가 있는가? 학생들이 다른 사람들과의 협업을 통해 자극받고 생각을 키우는 방법을 배우고 있는가?

 자기 발견 학생들은 스스로를 적극적으로 참여하는 학습자로 여기는가? 새로운 상황에 직면했을 때 배운 것을 떠올리고 응용할 줄 아는가? 스스로의 학습 방식은 어떠하며 다른 사람들은 어떤 다양한 학습 방식을 익히고 있는지를 아는가? 무엇을 어느 정도 배우고 익혔는지를 증명할 새로운 방법을 계획하고, 준비하고, 만들고, 제시하기 위해 학생들이 예전보다 한층 전략적으로 접근하는가?

3장

**목표를 정하고
시작하자**

목표, 탐구와 아이디어 발상

정해진 수업 진도를 나가면서

개별 맞춤형 학습을 할 수 있을까?

이 장에서는 학습을 개별화할 때 가장 먼저 고려해야 할 두 가지 요소를 살핀다. 바로 '목표'를 세우고, '탐구와 아이디어 발상' 과정을 통해 수업 시간에 진행할 프로젝트의 방향을 정하는 일이다.

　이 두 가지 요소는 자연스럽게 서로 얽혀 있다. 교사는 보통 어떤 교과 단원에서 학생들이 배우고 익힐 내용을 확실히 정하고 해당 학년 수준에 맞는 목표를 세우는데, 이때 세우는 목표는 대개 단편적인 수준에 그친다. 그러나 이상적인 방식은 속속들이 확인하는 과정을 거쳐서 학습 활동을 계획하는 것이다. 즉 교사들은 학생들이 해당 주제를 파고들고 일반화해서 깊이 있게 파악한 다음, 배운 내용을 새로운 상황에 적용하도록 유도하려면 어떤 포괄적인 질문을 제시해야 할지를 고민해야 한다. 그와 같은 학습 목표는 백워드 설계 (Backward Design, 전통적인 교육과정이 '교육 목표 설정-학습 경험-교육 평가' 순서로 이루어진다면, 백워드 설계는 학습 경험과 수업 전개에 앞서 평가 계획부터 세운다.)를 시작하는 시점에서 학생들과의 협력 작업을 통해 세워 나간다.

그랜트 위긴스Grant Wiggins와 제이 맥타이Jay McTighe가《설계를 통한 이해(Understanding by Design)》(1998, 2005)에서 처음 제안한 백워드 설계 방식은 교사들뿐 아니라 학생들에게도 아주 유용하다. 학생들은 각자 목표를 정하고 학습 방향을 결정하는 데 익숙하지 않아서 어디서 어떻게 시작해야 할지 갈피를 잡지 못할 때가 많다. 그럴 때 교사가 안내자로서 중요한 역할을 하면서 학생들이 커리큘럼에서 가치 있는 황금 덩어리를 발견할 수 있게 돕는다. 이때 교사는 학생에게 넘겨주었던 주도권을 되찾아가는 일이 없도록 반드시 적당한 선을 지켜야 한다.

목표 : 최종 목적지 정하기

핵심 요소	학생과 교사의 역할	연관된 마음습관
목표 어떤 결과를 기대하는가?	학생과 교사는 주제가 목표에 부합하는지 확인한다(목표는 구체적인 주제에 대한 것, 여러 과목에 걸친 것, 행동이나 성향에 관한 것일 수 있다).	· 자기 생각에 대해 생각하기 · 정확성을 기하기 · 상호협력적으로 사고하기

최근에는 '산출 중심 수업 설계(output-driven lesson design)'를 채택하는 교사들이 많은 듯하다. 산출 중심 수업 설계에서는 학생들이 알아야 하고 할 수 있어야 하는 것, 성취한 것을 증명할 다양한 경로를 투명하게 제시한다. 모든 학생들이 기존에 습득한 능력이나 경험과 관계

없이 주어진 학업을 성취할 수 있도록 시간을 유동적으로 조절한다.

물론 이것이 완전히 새로운 발상은 아니다. 비슷한 접근 방식으로 결과 중심(outcome-based) 교육 방식이나 업계의 기준을 따르는 직업 교육 프로그램에서 이미 활용하고 있다. 하지만 산출 중심 접근법은 기존의 모델들과는 달리 달성하고자 하는 목표, 역량, 맞춤형 학습, 마음습관을 결합해서 보다 효과적이고 진지한 학습 경험을 창출할 수 있다. 마음습관을 부가적인 수단이 아니라 학습 설계에 녹아든 주요 구성 요소로 활용할 때, 마음습관은 학생들의 명철한 사고를 촉진한다. 학생들이 정확하고 명료하게 다른 사람과 대화를 나누고 창조하고 상상하고 혁신할 때, 자신의 사고를 한 차원 높이 끌어올릴 방법을 더 쉽게 파악하고 실제로 그렇게 실천할 수 있다.

목표, 역량, 기준은 어떻게 다를까?

워낙 다양한 개념과 용어가 언급되다 보니 혼란이 발생할 수 있을 것 같다. 그런 일이 없도록 잠시 몇 가지 단어의 핵심 정의를 살펴보고 넘어가자. 첫 번째로 구별할 용어는 기준과 역량이다. '기준(standard)'은 해당 교육 프로그램에서 정해둔 각 시기에 학생들이 알아야 하고 할 수 있어야 하는 것을 뜻한다. 기준은 각 지방 단체별 또는 국가 전체적으로, 중등학교 이상의 상위 기관 전문가들을 포함한 다양한 분야의 교사와 교수들이 모여서 결정한다. 반면에 '역량(competency)'은 정해진 교육 프로그램에서 학생들이 배워야 하는 기량, 기술, 성향을 뜻한다.

이렇게 구별해서 설명을 하더라도 여전히 비슷하게 들릴지 모르겠다. 그런데 기준과 역량 사이에는 작지만 명확한 차이점이 두 가지 있다. 첫째, 기준을 정할 때는 우리가 흔히 소프트 스킬soft skill(마음습관을 비롯한 타인과 협력하는 능력, 문제 해결력, 감정을 조절하는 자기 제어성, 의사소통 능력, 리더십, 회복 탄력성 등)이라고 일컫는 기질이나 성향적인 특성을 묵과하지만, 역량에는 그런 성향적인 요소(예를 들면 유연하게 사고하기, 질문하고 문제 제기하기, 이해하고 공감하는 마음으로 듣기)가 포함된다. 둘째, 기준을 명시하는 용어는 대체로 무겁고 난해하다. 그런데 그 용어를 교사, 학생, 학부모가 이해하기 쉬운 용어로 풀어 쓰면 해당 수준과 상황에 맞는 역량으로 바꾸어 진술할 수 있다.

최근 들어 역량이라는 개념에 부쩍 관심이 쏠리는 이유는 무엇일까? 우리는 다음과 같은 이유 때문일 거라 생각한다.

첫째, 기술의 발달로 언제 어디서든 학습할 수 있는 가능성이 열렸다. 어떤 역량이 명확히 규정되어 있고, 가르치고 평가하는 과정이 가상의 플랫폼을 통해 이루어진다면 학생들은 각자의 일정과 속도에 맞게 그 역량을 성취할 수 있다.

둘째, 지역적·국가적 핵심 교육 정책과 책임이라는 장애물이 제거되면서 교사들에게 필수 과정 이외의 내용을 다룰 수 있는 여력이 생겼다. 실례로 2015년 미국에서는 '모든 학생의 성공을 위한 법(Every Student Succeeds Act : ESSA)'이 통과되어 구조적인 장애 요인이 제거되면서 학교를 개별화 학습과 역량 교육에 적합한 방향으로 개선하고 혁신할 여지가 더 커졌다.

표 3-1 장기적인 교육 목표와 관련 역량

장기적인 목표	관련 역량
직업과 기술 교육 흥미, 재능, 장래 희망에 어울리는 다양한 직업들에 대해 알아보며 진로를 계획한다.	· 직종과 취업 목표를 정한다. · 필요한 전문 능력을 갖추기 위해 계획하고 행동에 옮긴다. · 자격 조건을 증명하는 이력서를 작성한다.
체육 선정한 운동 종목이나 경기를 공정하고 능숙하게 한다.	· 기술을 기르고 발전시키는 목표를 어느 정도 달성했는지 스스로 평가한다. · 정정당당한 태도로 임한다. · 팀 경기나 집단 활동에서 집단의 목표를 성취하기 위해 노력한다.
수학 복잡하고 난해한 문제를 수학적 추론 능력과 끈기를 발휘해 매달린다.	· 문제의 본질을 파악한다. · 적당한 도구와 전략을 활용한다. · 해결책의 합리성을 평가한다. · 수학 용어를 쓰면서 해결책과 과정에 관한 의견을 나눈다.
비판적 사고 어떤 주장에 대해 판단을 보류할지, 거절할지, 수락할지를 결정한다.	· 상대방의 주장이나 입장을 파악한다. · 불명확한 부분은 질문을 통해 확인한다. · 자료의 신뢰성을 판단한다. · 이유, 추측, 증거가 받아들일 만한지를 포함해서 주장에 신빙성이 있는지 판단한다. · 타당성이 검증되면 결론을 내린다.
이해하고 공감하는 마음으로 듣기 타인의 생각이나 의견에 집중해 귀 기울이고, 상대의 견해나 감정을 이해하려고 노력한다.	· 제대로 이해했음을 알리기 위해서 들은 내용을 다른 표현으로 바꿔서 다시 말한다. · 타인의 지식 수준이나 기분에 세심하게 반응한다. · 상대가 하는 말을 이해하기 위해 정확히 파악하지 못한 부분은 질문해서 확인한다.
창의적 사고 세계를 새로운 방식으로 인식하고, 눈에 띄지 않는 패턴을 찾고, 서로 연관이 없어 보이는 현상들을 연관 짓고, 새롭고 창의적인 해결책을 생각해낸다.	· 관례를 벗어나서 상황을 본다. · 문제와 관련한 여러 가지 대안적인 진술을 만들어낸다. · 전혀 다른 요소나 아이디어를 연결한다. · 참신하고 정통에서 벗어난 해결책이나 결과물을 창출한다. · 여러 가능성을 평가해서 최선의 행동 방침을 결정한다.

소통	· 아이디어를 명확하게 표현한다.
다양한 매체를 활용해서 정보, 아이디어, 감정을 청중에게 주어진 목적에 맞게 전달한다.	· 청중들과 상황에 맞게 매끄럽게 대화한다. · 목적에 맞는 적절한 내용, 스타일, 어조를 선택한다. · 선택한 매체로 양질의 결과물을 만든다.
위험부담이 있는 모험을 하기 모험을 하기 전에 위험부담을 고려한다. 충동적으로 결정하지 않도록 조절하되 타당성이 있을 때는 모험에 나선다.	· 새롭고 혁신적인 아이디어에 대해서 생각한다. · 모험을 할 것인가 결정할 때는 신중한 과정을 거친다. · 자신감이 있으며, 더 많은 배움과 창조를 위해서 도전할 자세가 되었음을 내비친다.

출처 : Copyright 2017 by Bena Kallick, Allison Zmuda, and Jay McTighe

우리는 뚜렷하고 간결하고 폭넓은 목표, 즉 '교육 프로그램의 바탕을 이루는 능력, 기술, 성향'이라는 장기적인 목표를 교사들이 올곧게 추구해 나가야 한다고 생각한다. 참고로 위긴스와 맥타이는 그런 목표를 학과목 또는 학교 교육의 보다 큰 목표인 '전이 목표(transfer goal)'라고 불렀다. 이런 장기적인 목표로 학생들이 깊이 있는 질문을 제기하고, 연구하는 방법을 배우고, 비판적이고 창의적인 사고를 토대로 문제를 해결하고, 타인과 매끄럽게 소통하는 능력을 갖추도록 지도하는 것이다. 다시 말해 우리는 학생들이 마음습관을 키울 수 있기를 바란다. 마음습관과 관련한 역량들은 각각의 큰 목표를 이루는 데 기여하는 요소로 작용하기 때문이다.

표 3-1은 우리가 제이 맥타이와 함께 개발한 내용을 담은 것으로 장기적인 교육 목표와 그와 관련된 역량(교과 학습과 성향에 관련한 역량)을 제시한다.

이렇게 목표와 그와 연관된 역량을 명확히 기술하면 교과 진도와 성향 교육 두 가지 모두를 아우를 수 있고, 보다 큰 목표와 더 넓은 시야에서 해당 학년과 학습 과정이 어디쯤에 위치하는지를 교사들이 충실히 이해할 수 있다. 이렇게 세우는 목표와 역량은 학년별 기대 수준을 기초로 결정할 때와는 완전히 다른 접근이다. 교사들은 학생들이 보다 넓은 시각을 가질 수 있도록 심혈을 기울이고, 그런 넓은 시각이 현실적으로 실천 가능한 작은 요소들로 어떻게 나뉘는지를 보여줘야 한다. 그렇게 해야 선언적이고 절차적인 지식이 교수와 평가 활동의 중심이 되는 단편적인 틀에서 벗어날 수 있다.

개별화된 읽기 수업 시간을 위해 SMART 목표 활용하기

학생들은 학생들대로 해야 할 임무가 있다. 학습의 목표가 무엇인지를 파악하고 그 목표를 달성할 방법을 계획하는 것이다. 초등학교 3학년을 가르치는 제시카 크레이그는 그 한 해 동안 읽기와 쓰기 수업 시간에 학생들과 진행했던 SMART('전략적이고 구체적인, 측정 가능한, 달성 가능한, 현실적이고 유의미한, 시간적 범위가 정해진'의 앞 글자를 따서 만든 이름) 목표를 소개하면서 이렇게 설명했다.

저희 반에서는 더글라스 카운티 교육청의 세계 최고의 결과(World-Class Outcomes) 프로그램을 활용합니다. 이후 그 결과들을 살피면서 브레인스토밍을 통해 더 큰 목표(예를 들면 유창성, 정확성, 바꾸어 말하기, 이해, 해석)를 성취하는 데 도움이 될 만한 작은 영역들을 찾아냅니다. 학생들은 6~8주에 한 번씩 각자에게 가장 필요한 영역을 선택하고 저와 협력해서

SMART 목표를 정합니다. 그러고 나서 그 목표를 달성할 계획을 세우고, 읽기 시간에 그 영역을 향상시키는 데 도움이 되는 활동을 해요. 이때 학생들이 자기가 세운 목표를 가족에게도 알리고, 발전 과정을 지속적으로 관찰하고 확인하며 책임감 있게 이끌어 가게 하는 것이 무척 중요합니다.

표 3-2는 SMART 목표를 세울 때, 예시 목표와 함께 학생들에게 전달하는 지침이다.

표 3-2 학생들의 SMART 목표 작성에 참고할 지침

SMART 목표란	나의 SMART 목표
전략적이고 구체적인(Srtaregic & Specific) 무엇을 성취하고자 하는가?	말하고 대화하는 기술을 향상시키고 싶다.
측정 가능한(Measurable) 목표를 달성했는지 여부를 어떻게 알 수 있을까?	매달 말에 프레젠테이션을 해서 스스로를 평가하고 말하고 대화하는 능력이 얼마나 발달했는지 돌아볼 것이다.
달성 가능한(Attainable) · 내가 가진 재능으로 목표를 이룰 수 있을까? · 나에게는 어떤 재능이 있는가?	**나의 개별 학습 활동** · 스크린 캐스트(비디오 스크린 캡처) · 독립적 읽기 · 프레젠테이션
현실적이고 유의미한(Realistic & Relevant) · 이 목표가 예전이나 지금 배우는 탐구 단원과 어떤 관련이 있는가? · 이 목표를 달성하면 어떤 장점이 있는가?	이 활동은 읽기와 쓰기 능력을 향상시키는 데 도움이 된다. 특히 바꾸어 말하는 능력을 키울 수 있다. 올해 초에 다뤘던 '스스로를 표현하는 방식' 단원과도 연관된다. 나 스스로를 표현하고 다른 사람과 대화 나누는 방식을 배울 것이다.
시간이 정해진(Time-Bound) 목표를 언제까지 달성할 것인가?	1월 말까지

출처 : Jessica Craig

이 SMART 목표의 사례는 학생들이 이해하기 쉽고 마음에 와 닿는 용어와 표현을 사용해서 큰 목표를 인식하고, 활동 계획과 학습 경험을 교사와 함께 만들어 나가고, 무엇을 목표로 하며 어떤 식으로 진행되고 있는지에 대해 가족들과 진솔하게 대화를 나누는 좋은 예다. 학생들이 맨 처음부터 학습의 주체가 되는 것이다.

탐구, 아이디어 발상 : 탐색하기

핵심 요소	학생과 교사의 역할	연관된 마음습관
탐구, 아이디어 발상 주제의 어떤 점이 생각을 자극하는가? 이 주제에서 탐구할 가치가 있는 부분은 어디인가?	· **학생** : 독립적으로 문제, 아이디어, 설계 또는 조사 과정을 규정하고 정확히 표현한다. · **교사** : 학생의 상상력, 호기심, 심도 있는 학습을 촉진할 보다 광범위한 주제, 기존의 연구나 탐구 문제를 찾는다.	· 유연하게 사고하기 · 질문하고 문제 제기하기 · 창조하기, 상상하기, 혁신하기 · 위험부담 있는 모험을 하기 · 과거의 지식을 새로운 상황에 적용하기 · 자기 생각에 대해 생각하기

학생들은 연구에 몰두하거나 아이디어를 확장하는 데 깊이 관여할 때에 상당한 에너지를 발휘한다. 이들이 온통 집중해서 무언가를 알아내고, 이해하고, 아이디어를 생각해내고, 이리저리 시험하는 모습을 보면서 교사들은 경탄과 경외심을 느낀다. 그리고 그런 바람직한 활동이 되풀이해서 나타나는 환경을 만들고 싶다는 생각을 한다.

하지만 이렇게 학생들이 열정적으로 탐색하고 아이디어를 내는 활동을 일선 학교에서 찾아보기는 쉽지 않다. 그 이유 중에는 이런 적극적인 방법을 도입할 경우 '전형적인' 수업 방식이 하찮게 느껴질 수도 있기 때문이다. 실제로 지시에 따르는 교육은 형식적인 절차 같은 느낌이 많이 든다. 가령 학생들이 나눠준 활동지를 완성하고 '해야 할 일' 목록에 완료했다고 표시하면, 해당 지식이나 기술을 습득했다고 확인되어 그와 관련한 학습 경험은 완료되며 이제 목록에 있는 다른 항목에 초점을 맞춘다. 이어서 진행하는 과제는 이전의 경험과 관련성이 전혀 없어서 학생들의 호기심이 발동할 여지가 없다. 그래서 학생들은 내용보다는 그저 평가의 기준을 충족하고 미리 정해 놓은 과제를 수행하는 데에만 관심을 갖는다.

우리의 임무는 지금껏 이렇게 단편적인 내용들로 구성해왔던 교육을 연결성과 지속성이 높은 교육으로 전환하는 것이다. 교육 목표가 탐구, 아이디어 발상과 연결되도록 수업을 설계하는 것이 바로 우리가 지향할 길이다. 그러려면 주어진 주제와 관련해서 더 넓고 다양한 능력과 성향을 다뤄야 한다. 그와 같은 교육을 촉진하는 수업을 설계하는 방식에는 다음 세 가지가 있다.

1. 교사가 결정하거나 교육과정 지침에 정해진 계획이나 탐구 주제
2. 학생들과 공동으로 기획한 계획이나 탐구 주제
3. 학생이 혼자서 결정한 계획이나 탐구 주제

학생들은 이 세 가지 유형 모두를 지속적으로 경험할 수 있어야 한다. 그렇다고 모든 학년의 모든 과목, 모든 단원에서 몇 주에 한 번씩

이런 활동시간을 따로 정해둬야 하는 건 아니다. 그저 가끔 한 번씩 괴로움도 느끼고, 어렵고 까다로운 상황에도 맞닥뜨리고, 탐구 주제나 아이디어를 발전시켰을 때의 보람찬 순간을 느낄 수 있다면 그 정도로 충분하다. 그럼 이 세 가지에 대해 조금 더 자세히 살펴보자.

교사가 결정한 계획이나 탐구 주제

이 경우는 배우는 단원에서 교사가 제기한 질문이나 문제가 기본이 된다. 학생들은 그 단원을 배우는 동안 정해진 지침을 따르거나 단계별 기본 자료를 활용한다. 예를 들면 다음과 같다.

- 6학년 수학 시간에 학생들은 개연성 있는 시나리오를 읽고 나서 평균, 중앙값, 최빈값을 적용하면서 '타당한 적정선'이 어느 정도인지를 생각해본다(예를 들면 성적 계산, 미국의 각 주의 국회의석 수, 프로 스포츠 선수들의 팀 전체 수입 기여도 등). 학생들은 각 사례에서 중심경향측도(전체집단을 대표하는 하나의 수를 가리킴. 대표적인 예로 평균을 들 수 있음) 중 어떤 값이 주로 사용되는지, 그것이 가장 타당한 결정인지 여부를 알아내야 한다.

- 4학년 학생들이 사회 시간에 미국의 지리, 경제, 각 지역의 서로 다른 문화에 관해 한 해 동안 배우면서 '각 지역을 어떻게 설명할 수 있을까?' '조사하는 지역은 다른 지역과 어떤 점이 다른가?'라는 질문의 답을 찾아간다. 교사는 학생들이 한 번에 한 지역씩 조사하게 해서 각 지역별 특징과 차이점을 확인할 수 있게 지도한다.

- 고등학교 경영학 시간에 학생들이 직업 인터뷰 동영상을 시청하고 '첫인상이 좋은 사람들의 특징은 무엇인가?'라는 질문의 답을 찾는다. 교사는 지원자가 자신의 생각이나 잠재적인 능력을 어떻게 드러내는지, 질문에 어떻게 답하는지, 용모는 어떠한지, 말을 하는 태도는 어떠한지 등 학생들이 주의 깊게 살펴야 할 부분을 미리 일러준다.

이런 실습을 통해서 학생들은 현실성 있는 문제를 고심해서 해결해 나가는 가치 있는 경험을 한다. 교사들이 필요한 만큼 도움을 주고 지도하기 때문에 학생들이 길을 잃거나 옆길로 빠져서 방황할 염려는 없다.

학생과 공동으로 기획한 계획이나 탐구 주제

이 경우 역시 교실에서 다루는 커리큘럼의 어떤 한 부분과 연계해서 진행한다. 하지만 이번에는 각자 독립적으로 연구하거나 탐구해볼 가치가 있는 영역이 무엇인지를 교사와 학생들이 함께 결정한다. 결과적으로 학생들이 해당 주제에 대해 보다 심층적으로 공부하는 계기가 된다. 예를 들면 다음과 같다.

- 과학 시간에 1학년생들은 무엇이 물체를 물에 가라앉거나 뜨게 만드는가를 탐색한다. 실험 결과를 기초로 한 학생이 과일과 채소는 모두 물에 뜨는 것 같다는 의견을 낸다. 그러자 다른 어떤 학

생이 도시락 가방에서 바나나를 꺼내서 물에 넣어보고, 먼저 학생이 제시한 가설이 틀리다는 사실을 즉시 알아낸다. 학생들은 실험했던 결과를 토대로 무엇이 물체를 가라앉거나 뜨게 만들며, 그와 관련해서 명확한 어떤 규칙이 있는지를 알아내고자 한다.

- 중학교의 자연재해를 다루는 단원에서 학생들은 각자 살았던 지역에서 홍수를 겪었던 일과 그에 따른 피해에 관해 서로 이야기를 나눈다. 이야기 나눈 시간을 계기로 한 학생이 홍수에 대비한 응급 키트에 대해서 조사하고 직접 설계를 해보겠다고 나선다. 다른 학생은 홍수가 났을 때 전체적인 피해 금액이 어느 정도 되는지를 계산해 보기로 한다. 또 다른 학생은 홍수로 황폐화된 지역의 모습과 이웃을 돕는 인간애를 사진으로 포착해서 무엇이 중요한지를 일깨우는 계기로 삼겠다고 결정한다.

- 고등학교 역사 시간에 시민권에 대해 배우면서 학생들은 최근에 있었던 법정 공판 네 가지를 살펴보고, 현대 사회 경찰과 법률 제도의 역할에 관해 각자의 경험을 토대로 이야기 나눈다. 기본적으로 논의할 문제는 '차별을 조장하는 사람들에게 법과 규칙을 어느 정도 수준에서 적용해야 할 것인가? 불평등을 넘어서기 위해서 어떤 공동의 노력이 필요할까?'이다. 학생들은 이 문제를 명확히 파악하고, 수량화하고, 이해를 넓히기 위해 각자 탐구할 세부 문제들을 정한다.

위의 세 가지 예에서는 각 교과 영역 중심의 일반적인 수업 구성을 완전히 뒤바꿀 정도의 변화는 아니지만 그래도 상당 수준의 질문과 문제 제기, 비판적인 사고, 의견 교환의 기회가 주어진다.

학생이 혼자서 결정한 계획이나 탐구 주제

각자 삶의 배경, 개인적 경험, 희망 등의 영향으로 학생들에게 어떤 특정 지식이나 주제를 탐구하고자 하는 강한 열정이 생기는 경우다. 예를 들면 다음과 같다.

- 항암 치료 중인 한 십대 여학생이 언제쯤 되어야 머리카락이 다시 자라날지 궁금해 한다. 그래서 학생의 엄마가 과학 탐구대회 주제로 연구해보면 어떻겠느냐고 제안한다. 그 학생은 의사와 암 환자들을 인터뷰하고, 의학 저널에서 자료를 살피고, 관련 데이터를 기초로 추정치를 내는 등 항암 치료 환자들의 모발 성장과 관련한 방대한 조사를 진행한 뒤에 자기 자신의 경우와 비교한다.
- 고등학교 3학년 학생들이 이혼, 왕따, 과도한 식이 조절, 외로움, 정신질환, 만성적인 스트레스, 미지의 상황에 대한 두려움, 규제와 단속에 대한 두려움 등 그 또래 아이들이 겪는 문제나 고민에 대해 알아본다. 그러면서 치유 방법을 모색하거나 비슷한 상황에 처한 다른 친구들을 이해하고, 그들에게 위안과 희망을 전하는 기회를 얻는다.
- 한 6학년 학생이 최근 십대들이 미식축구 경기 중에 뇌진탕을 입

었던 사례에 관심을 갖는다. 그 학생은 자기가 앞으로도 계속 운동을 해도 좋을지 결정하기 위해서 뇌과학과 관련된 내용을 조사해보려고 한다.

● 장래 희망으로 시인을 꿈꾸는 한 3학년 학생이 자기가 썼던 시를 출판하고 싶어 한다. 그 학생은 발표하기에 적당한 시를 추리고 시에 쓰인 언어, 구조, 제목에 전달하려는 자신의 메시지가 명확히 담겼는지 확인한다.

앨런 노벰버라는 교사는 혼자 힘으로 해결하는 과제에 가장 거부감이 컸던 한 학생이 그 지역 장애인들을 위한 방대한 자료를 만들었던 사례를 소개하면서 이렇게 설명한 적이 있다. "그것이 바로 내재적인 동기에 따라 각자의 주제를 정할 때 나타나는 차이점이다. 학생들이 과제에 얼마나 큰 애정을 쏟았던지 여름 방학 동안 학교 컴퓨터실을 개방해 달라고 애걸할 정도였다."(Schwartz, 2014).

그러려면 교사는 커리큘럼에 탐구욕과 호기심을 불러일으키면서도 아직 해결되지 않은 주제들을 포함하도록 계획해야 한다. 그 커리큘럼에는 학생들이 '모든 감각을 동원해서 자료를 수집하기, 경탄하는 마음으로 대응하기' 같은 마음습관을 활용하면서도 학생들이 각자의 생각을 반영하고 수정할 여지가 있어야 한다. 한편 학생들은 어떤 주제나 아이디어를 조사하는 과정에서 '질문하고 문제 제기하기, 새로운 상황에 과거 지식을 적용하기, 자기 생각에 대해 생각하기, 창조하기·상상하기·혁신하기'와 같은 마음 근육을 적절히 훈련할 수 있도록 계획해야 한다.

교실에서 학생들이 주도하는 학습이 큰 효력을 발휘하려면 학생들이 마음 근육을 사용하는 방법을 배울 수 있도록 교사가 마음습관에 관해 알기 쉽게 설명하고 지도해야 한다. 또한 그런 습관을 익힐 전략도 지속적으로 마련해야 한다.

맨체스터 공립학교에서 진행 중인 자유 프로젝트 시간

코네티컷주의 맨체스터 공립학교들에서 마음습관을 접목한 개별 맞춤형 학습을 도입하는 데 협력할 좋은 기회가 있었다. 해당 학군은 현재 '자유 프로젝트 시간'이라고 불리는 과정을 여러모로 활용 중이며, 고등학교에서 학생 주도 프로젝트를 활성화하는 방안도 그에 포함된다.

그와 관련해 이수 단위가 1단위인 시범적인 세미나 프로그램을 시행하기도 했다. 이 세미나에서는 학생들이 교사의 도움을 받아 프로젝트를 기획할 수 있도록 했다. 참고할 만한 수업 계획안도 없고, 학급 학생들이 한 자리에 모일 시간도 마땅치 않고, 정해진 채점 방식이나 성적 평가 양식도 없는 열악한 조건임에도 불구하고(아니면 그래서 더 기대가 컸기 때문인지) 학생들 약 60명과 교사 30명이 이 모험적인 시도에 참여하겠다고 자원했다. 교사와 학생들이 어떤 기대에서 이 활동에 지원하게 되었는지는 표 3-3에 있다.

우리 중 한 명이 촉진자로 참여한 가운데 지원자인 학생들과 교사들이 한 자리에 모였다. 첫 모임을 시작할 때 교사들은 과연 이 방법이 효과가 있을지 다소 불안해 했다. 그야말로 미지의 영역이었으니 말이다. 아무래도 교사들은 학생들에게 조언을 해주고 싶은 충동을 많이 느끼기 때문에 '충동성을 조절하고', 조언을 하기 전에 '이해하고 공감하는 마음으로 듣는' 것부터 시작해야 했다. 구체적인 지시 사항이 없는 상태에서 학생들이 스스로 탐구와 발상 단계를 이끌어 가는 수업은 모험적인 시도였다. 이렇게 서로의 입장이 바뀌어 교사들은 청자가 되고, 학생들이 화자가 되었다.

학생들도 불안하기는 마찬가지였다. 계획 단계에서부터 꿈이나 열망을 표현해야 하는 부담을 안아야 했기 때문이다. 한 학생은 몇 년 전부터 써오던 소설 원고를 탈고하겠다는 목표를 세웠다. 다른 학생은 서커스 공연에 쓸 죽마竹馬를 설계해보겠다고 말했다. 학생

표 3-3 자유 프로젝트 시간에 대한 학생과 교사의 기대

학생의 기대	교사의 기대
· 평소 수업 시간과는 다른 방식으로 주제를 탐구하고 친구들과 공유하기 · 다른 사람들과 더 편하게 소통하기 · 남이 시켜서 하는 것이 아니라 내가 원하는 것을 찾아서 공부하기 · 선생님과 일대일로 의견을 나누는 시간을 갖기 · 새로운 아이디어, 취미, 흥미로운 사실에 눈뜨기 · 다른 사람들을 돕고 그 사람들과 관계 맺는 새로운 방법을 발견하기 · 내가 좋아하는 것을 실제로 해보기 · 어떤 직업 분야에 관한 직접적인 경험을 얻어서 장차 하고 싶은 일을 발견하는 데 도움 얻기	· 학생들이 각자의 다양한 아이디어를 실험하고 확인하는 과정을 보조하면서 한 단계씩 진행해 나가는 데 도움을 주기 · 학생들과 더 친밀한 관계를 형성하기 · 기존의 교실 수업에 접목할 수 있으며 학생들의 관심과 참여를 높이는 효과가 있는 교육 활동 아이디어를 얻기 · 학생의 학습 경험을 직접 설계하는 데에서 한 발 물러서는 대신 학생들이 스스로의 길을 설계하고 수정하도록 도움을 주는 조언자 역할을 하기 · 전통적인 '지식 관리자' 역할 이외의 영역에서 학생들과 관계를 형성할 방법을 모색하기

들은 예전에 프로젝트를 진행하면서 미처 끝까지 계속할 수가 없었거나, 프로젝트를 함께 진행하는 몇몇 학생이 잘 참여하지 않았거나, 영감을 잃거나, 시간을 잘 안배하지 못했거나, 도중에 마음이 바뀌는 등 여러 어려움에 직면했던 적이 있었다고 말했다.

그 다음에 우리는 참여자들에게 "누군가의 태도가 어떻다고 표현할 때 그 태도는 무엇을 의미하는가?"라고 물었다. 학생들은 긍정적인 태도와 부정적인 태도가 모두 포함되며, 보디랭귀지도 그런 태도를 드러내는 데 한몫하는 것 같다고 답했다. 우리는 그런 '태도'는 의지에 따라 조절 가능한 습관이 될 수 있으며, 그것이 마음습관이라고 설명했다. 그리고 학생들이 '창조하기 · 상상하기 · 혁신하기, 과거의 지식을 새로운 상황에 적용하기'를 행동으로 옮길 때 학습자로서의 면모가 일부 드러나는데, 그런 면모는 보디랭귀지, 다른 사람들과 소통하는 방식, 학교의 테두리를 벗어난 더 넓은 세상과 소통하는 방식에 묻어난다고 덧붙였다.

이어서 우리는 '이해하고 공감하는 마음으로 듣기'로 초점을 돌렸다. 학생 두 명과 교사 한 명으로 구성된 3인 모둠으로 조를 나눴다. 모둠의 한 학생이 "프로젝트에 대해 생각할 때 나는 ~한 생각을 한다"라는 지문을 읽은 뒤, 나머지 학생과 교사가 듣는 앞에서 답하게 했다. 활동을 마친 뒤에는 바로 코앞에 사람들이 앉아서 자기가 하는 말을 들을 때 기분이 어땠는지 발표하게 했다. 학생들의 소감은 이 새로운 활동에 얼마나 강력한 힘이 있는지를 보여주었다.

- "기분이 이상했어요. 사람들 앞에서 제 생각을 밝히는 데 익숙하지 않거든요."
- "학교생활을 하는 중에는 선생님들이 저에 대해서 아무것도 모른다는 기분이 들어요. 저는 그저 남다를 것 없는 평범한 학생이에요. 평소에 선생님들은 학생 개개인마다 각자의 의견이 있다고 여기지 않는 것 같았어요. 그런데 이번에는 선생님이 제 말과 제 의견에 진심으로 귀 기울여주었던 것 같아요."
- "표현을 아주 신중하게 고르게 되더라고요. 제 말이 명확히 전달되기를 바랐거든요."
- "말하려는 내용을 더 자세하게 설명하게 됐어요. 피상적인 수준으로만 밝히려고 했는데 제가 하는 말에 대해서 더 깊이 생각해보게 되더라고요."
- "저는 방과 후에 집에 가면 거의 입을 닫고 살아요. 그냥 제 방에 틀어박혀서 휴대폰만 들여다보지요. 제 이야기를 들어줄 사람이 주위에 아무도 없어요. 학교에서도 조용한 편이고요. 그래서 이번 활동이 아주 새로운 경험이었어요."

학생들의 이야기에서 학생과 교사의 역할 전환과 새로운 동반자 관계가 시작되는 신호, 그리고 처음에는 그런 변화가 모든 사람들에게 얼마나 '기이하게' 느껴질 수 있는지를 확인할 수 있다.

에브슨 차터 스쿨의 질문 만들기 활동

그런가 하면 탐구와 실제 조사 과정의 모든 단계에서 학생에게 더 큰 권한을 주는 사례도 있다. 캘리포니아 앨터디너에 있는 에브슨 차터 스쿨Aveson Charter School에서는 학생들이 주도하는 활동이 필수적인 교육 경험에 속한다. 예를 들어 표 3-4는 복합적인 질문을 만드는 활동을 위해서 이 학교에서 준비한 지침이다.

표 3-4 수준별 질문 만들기 지침

1. 도입 단계	2. 발달 단계	3. 숙련 단계	4. 심화 단계
질문을 생각해 낼 수 있다.	많은 도움을 받아서 과학이나 역사에 관한 질문을 만들 수 있다.	도움을 거의 받지 않고도 과학이나 역사 관련 주제의 개방형 질문을 만들 수 있다.	혼자 힘으로 개연성이 있으며, 흥미롭고, 호기심을 자극하는 개방형 질문을 만들 수 있다.
중심 질문에는 뼈대가 되는 핵심 단어가 들어 있다.	중심 질문에 핵심 단어와 문제 제기가 들어 있다.	중심 질문에 핵심 단어, 주체, 문제 제기가 들어 있다.	중심 질문에 핵심 단어, 주체, 문제 제기, 목적의식이 들어 있다.
중심 질문은 과학이나 역사 관련 주제를 다루며, 정답이 있다.	질문의 종류(철학적, 논쟁의 여지가 있는, 과제 중심 또는 역할 중심, 평가 중시 또는 양적인 측면 중시)를 결정하는 데 다른 사람의 도움을 받아야 한다.	질문의 종류(철학적, 논쟁의 여지가 있는, 과제 중심 또는 역할 중심, 평가 중시 또는 양적인 측면 중시)를 결정할 수 있다.	완전히 혼자만의 힘으로 질문의 종류(철학적, 논쟁의 여지가 있는, 과제 중심 또는 역할 중심, 평가 중시 또는 양적인 측면 중시)를 결정할 수 있다.

출처 : 캘리포니아 앨터디너의 에브슨 차터 스쿨

조언자 역할을 하는 교사들은 표 3-5처럼 문장 구조를 학생들에게 제시하면서 조언과 피드백을 전달한다. 탐구를 진행하며 계획을 상세하게 짤 수 있도록 도움을 주는 것이다.

표 3-5 세 가지 종류의 질문별 문장 구조

평가적 또는 양적 검증에 대한 질문

어떤 정보나 데이터를 평가·분석해서 무언가를 주장하거나 옹호하려고 할 때, 다음과 같은 질문을 한다.

- 좋은 _____가 되려면 어떤 점을 갖춰야 하는가?
- 성공한 _____가 되기 위한 요건은 무엇인가?
- _____가 되기 위한 최선의 방법은 무엇인가?
- _____가 _____에 영향을 끼치는가?
- _____의 장점과 단점은 무엇인가?
- _____ 한다면 어떤 일이 생길까?
- _____에는 몇 가지 종류가 있는가?
- _____가 _____에 어떤 식으로 영향을 주는가?

철학적 또는 논쟁의 여지가 있는 지식 관련 질문

사실을 적용해서 복잡한 상황을 해결하려고 할 때, 다음과 같은 질문을 한다.

- _____가 정말로 중요한가? 왜 그런가?
- _____가 없다면 _____는 어떻게 될까?
- _____가 _____에 영향을 주었는가?
- _____와 _____는 어떻게 다른가?
- _____와 _____ 사이에 상관관계가 있는가?

역할 중심 또는 행동 계획에 대한 실행 관련 질문

문제를 해결하거나, 갈등을 해소하거나, 어떤 프로젝트를 완수해야 하는 입장에 있을 때, 다음과 같은 질문을 한다.

- _____인 내가 원하는 결과를 성취하려면 어떤 조치를 취해야 할까?
- 내가 _____를 한다면, 그 다음에는 어떤 행동에 나서야 할까? _____할 필요도 있을까?
- _____를 했을 때 어떤 결과를 가져올까? _____의 결과가 달라질까?

출처 : 캘리포니아 앨터디너의 에브슨 차터 스쿨

교사들의 우려

이 장을 마무리하면서 교사들과 협력 작업을 할 때 교사들이 흔히 제기했던 회의적인 의견을 몇 가지 짚고 넘어가려고 한다. 교사들은 개별화 학습에 대해 알고자 하고 학생들을 위한 최선의 방식을 따르고자 전념하면서도, 그와 동시에 지금까지 해왔던 일반적인 교육 방식의 상당 부분을 흐트러뜨리는 급격한 변화를 받아들여야 하므로 당연히 염려가 될 것이다.

개별 맞춤형 학습을 어떻게 구조화할 수 있나요?

개별 맞춤형 학습을 교육 현장에 시험적으로 도입하는 예로 '특별 재능 수업'을 만드는 방법이 있다. 통상적으로 일주일에 한 번씩 편성되는 이 특별 수업은 학생들이 원하는 주제를 탐구하거나 시도하거나 한 가지 주제에 대해 전문적으로 파고드는 시간이다. 학생들은 이 시간에 각자의 아이디어를 발전시키고, 곰곰이 따져보고, 다른 사람들의 피드백과 조언을 얻을 수 있다. 보통은 학기 말 즈음 학생들이 각자 탐구한 결과를 발표하는 시간을 갖는다. 학생들은 어떤 주제를 선택했으며, 그것이 왜 중요하고, 누구에게 어떤 의미가 있는지에 대해 생각해보게 된다. 특별 재능 시간은 종합적인 결과를 평가하기보다는 성향을 발전시키는 데 더 큰 무게가 실린다. 학생들은 불확실한 상황에 직면하더라고 끈질기게 추진하고, 새로운 아이디어를 이리저리 시험해보는 과정에서 위험부담이 있는 모험을 하고, 서로의 활동을 경탄하는 마음으로 관찰하면서 기쁨과 흥분을 나눈다.

또 다른 방법은 특별 재능 수업보다 한층 형식을 갖춘 방법으로 학년 말이나 상급 학교 진학을 앞두고 학생들이 각자 관심 분야에 대해 조사하거나 실천한 내용을 최종 과제로 발표하는 활동이다. 학생들은 한 가지 분야나 다양한 분야를 아우르는 기술과 성향을 드러낼 아이디어를 내고 준비한다. 이런 최종 과제는 일반적으로 각 학생이 관심을 두는 주제를 토대로 일정 양식을 갖춘 프레젠테이션이나 공연, 프로젝트 형태로 만들어진다. 이런 활동의 강력한 힘은 학생들이 이 활동을 특별한 경험으로 보는 것이 아니라 '학교에서 하는 활동'으로 받아들인다는 점에 있다. 게다가 학생들이 자신이 정한 주제가 왜 중요하고, 어떤 점에서 의미가 있으며, 다른 교육 경험에서 실천하고 있는 습관에도 어떻게 영향을 끼칠 수 있을지를 설명해야 하기 때문에 마음습관을 연습할 중요한 계기가 되기도 한다.

개별 맞춤형 학습을 어떻게 가르쳐야 하나요?

테리 하이크Terry Heick는 탐구 기반 학습의 네 단계를 설명하는 훌륭한 교사용 지침을 만들었는데, 그의 설명은 우리가 이 책에서 설명하는 탐구·발상의 단계와 아주 흡사하다. 그 내용을 표 3-6에 간단히 정리했다. 보다 자세한 내용은 웹사이트를 참조하기 바란다.

(www.teachthought.com/pedagogy/4-phases-inquiry-based-learning-guide-teachers)

정해진 수업 진도를 나가면서 개별 맞춤형 학습을 할 시간이 과연 있을까요?

많은 교사들이 시간적인 측면을 고려해서 처음에는 작은 것부터 시작한다. 예를 들어, 우리가 아는 어떤 고등학교 선생님은 매주 금요일을 프로젝트 기반 수업의 날로 정했다. 그 선생님은 학생들의 조사 활동을 위해서 매주 금요일에 미디어 자료실을 이용할 수 있도록 계획해두었다. 그런데 시간이 흐를수록 학생들이 프로젝트에 흥미를 붙이자 그 선생님은 수업 시간을 재편성했다. 결국에는 틀에 맞춘 빡빡한 수업 계획안이 미디어 자료실에서 블렌디드 러닝을 활용하는 융통성 있는 계획안으로 바뀌었다.

시간을 마련한다는 것이 실제로 시간을 더 만들어 내야 한다는 의미는 아니다. 그저 교사와 학생이 시간을 쓰는 방법을 바꾼다는 뜻이다. 이때 과학기술이 중요한 역할을 한다. 교사들은 교육과정의 핵심 내용을 동영상 자료로 만들어서 학생들이 각자의 속도에 맞게 활용해도 된다. 또 특정 유형의 학습을 염두에 두고 학습 공간을 배정할 수도 있다. 예를 들면 학생들이 소규모로 모둠 활동을 하고 교사가 각 모둠을 돌면서 자세하게 지도하는 경우에는 세미나실을, 학생들이 연구에 필요한 프로토타입을 만드는 활동을 할 때는 실습실을, 학생들이 혼자서 조용히 집중할 필요가 있을 때는 꽉 막힌 좁은 공간이 좋다. 공간에 이름을 붙임으로써 교육적 의도를 전달하고, 그 공간에서 어떤 활동을 해야 하는지를 일깨운다. 그러면 학생들은 효과적인 관리 계획을 세우고 활동하는 데 필요한 시간을 마련한다.

표 3-6 하이크가 제시한 탐구 기반 학습의 4단계

---

1. 상호작용 학생들은 자료, 또래, 전문가, 미디어 등을 통해 무언가를 알아내거나 이해하고자 하는데 이때 학생들에게 엄격한 지침이나 시간표를 따라야 할 부담은 없다.

- **학생을 위한 지침** 적극적인 자세로 다양한 매체를 훑어보고, 신기한 점에 관심을 기울이고, 경외하는 마음으로 응대하고, 흥미가 있거나 효용이 있을 것이라는 짐작에서 특정 매체를 지속적으로 살핀다. 또래 친구들에게서 아이디어나 자료를 찾는다.
- **교사를 위한 지침** 학생이 궁금해 하는 부분에 관한 이론적 설명을 명확히 제시하고, 서로 다른 매체로 상호작용할 때는 생각을 말로 표현하고, 조사를 위한 질문을 하고, 평가적인 진술을 삼가고, 예를 제시하고, 학생의 생각 습관을 관찰하고 격려한다.

---

2. 해석 학생은 정보를 분석해서 정해진 양식을 찾고 잘못된 견해를 가려낸다. 선정한 탐구 주제의 규모, 본질, 가능성에 관해 감을 잡아서 각자의 생각을 명확히 해나간다.

- **학생을 위한 지침** 이해한 내용을 익숙한 표현으로 고쳐 쓴다. 답이나 해결 방안을 찾지 않는다. 사실과 의견을 구별한다. 자료의 신뢰성과 적절성을 평가한다. 가능성에 주목한다.
- **교사를 위한 지침** 피드백을 많이 주되, 평가하는 듯한 태도는 피해야 한다. 학생이 자기 생각의 틀을 잡을 수 있도록 도표 등 적절한 방법을 제시한다. 학생의 생각을 알아보는 질문(무엇을 알아냈고, 왜 그렇다고 생각하는지)를 한다.

---

3. 질문 학생들은 지식적인 토대를 심화하고 더 깊이 이해하는 데 치중한다. 그러려면 끊임없이 질문하고 문제를 제기하고, 인내심을 갖고, 유연하게 생각하는 자세가 필요하다.

- **학생을 위한 지침** 호기심을 가지고 정확한 질문을 하고, 스스로 확인한다. 큰 그림을 그리며 전체적으로 생각하고, 작은 그림을 그리며 구체적으로 적용한다.
- **교사를 위한 지침** 질문에 대해 명확히 설명하고, 부적절하거나 부족한 질문을 고쳐줄 때는 생각을 말로 표현한다. 생각을 분석하는 개념도의 활용법을 자세히 설명한다. 따로 시간을 내서 질문 기법을 다루고 소크라테스식 문답법 세미나를 연다.

---

4. 구체적 계획 학생들은 연구 주제에 맞는 대상이나 청중 앞에서 연구 결과를 발표한다.

- **학생을 위한 지침** 생각을 명확히 하고, 자기 주도적으로 진행하고, 불확실해도 효과적으로 전달하고, 호기심을 좇는다.
- **교사를 위한 지침** 협동의 조건과 방법을 강구한다. 수정이 필요한 부분을 확인한다. 전체 과정(어떻게 이런 의견이나 주장에 도달했는가?)을 돌아본다.

출처 : 《4 Phases of Inquiry-Based Learning : A Guide for Teachers》, by T. Heick, 2013, TeachThought. Copyright 2016 by TeachThought

3장을 마치며

개별 맞춤형 학습을 경험하는 것은 학생들에게 대단히 유익하다. 학생들은 함께 만들어 나가는 진정한 학습에 전념하겠다며 의욕에 넘친다. 그리고 세계가 운영되는 방식에 진지한 호기심을 갖고, 기회가 주어지면 각자가 추구하는 문제에 답하기 위해 깊이 파고든다.

학생들은 기술의 발달 덕분에 온갖 정보와 지식에 얼마든지 접근할 수 있는 세상에서 자라고 있다. 그에 따라 단기적인 목표뿐 아니라 장기적인 삶의 목표까지 추구하는 교육 기회를 누린다. 더 광범위하고 장기적인 목표와 연관된 역량을 더 잘 규정할 수 있게 되면서 학생들은 자신들이 무엇을 알고 있으며 어떻게 알게 되었는지를 제시하는 데 더 능숙해질 것이다. 결국 우리 어른들이 얼마나 적극적으로 아이들이 질문을 하고 새로운 지식을 만들어나갈 수 있도록 잘 들어주고 북돋워주는지에 달려 있는 것이다.

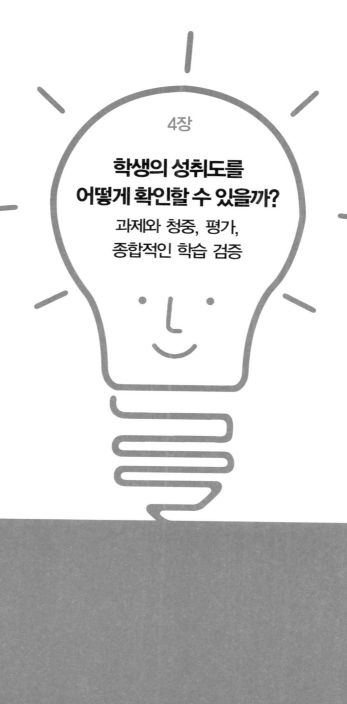

4장

학생의 성취도를
어떻게 확인할 수 있을까?

과제와 청중, 평가,
종합적인 학습 검증

시험이 아니라도 배우고 익힌 내용을 증명할 방법은 많다.
개별 맞춤형 학습에서는 어떤 방식으로 평가하고
학습 과정을 종합적으로 검증할까?

학습 계획을 세우는 자리에 학생들을 참여시켜서 의견을 내게 하면 교육 활동의 깊이가 한층 깊고 풍성해질 것이다. 학습자가 연구할 내용이 얼마나 흥미로운지, 관련한 능력을 키우는 데 어떤 연습이 필요한지, 그 활동을 통해 무엇을 상상하고 만들 수 있는지에 초점을 맞추면서 전통적인 교실의 경계가 사라진 느낌이 들기도 한다.

이 모든 것은 교사가 익숙한 커리큘럼과 평가에 주력하는 데에서 벗어나서 학생을 동반자로 받아들여야만 가능하다. 자기 주도적이고, 신중하게 문제를 해결해 나가고, 비판적이고 창의적으로 생각할 줄 알고, 다른 사람의 이야기를 마음을 담아 듣는 사람으로 아이들을 키우는 것이 우리 어른들의 장기적인 목표라면, 학교 수업에서 그런 능력을 키우고 평가할 수 있도록 아이들이 '목소리, 공동 창조, 사회적 구성, 자기발견'을 실천할 기회를 더 많이 허용해야 한다.

이 장에서는 교사와 학생들이 목표를 염두에 두고 개별 맞춤형 학습을 계획하면서 가장 중요하게 생각하고 염려하는 부분을 다룬다.
바로 과제와 청중(과제를 명확히 규정하고, 과제를 발표할 가장 적당한 대상을 결정
하는 문제), 평가(과제를 평가할 방법, 비판적인 자기 평가 과정도 포함), 종합적인
학습 검증(학생들이 정해진 기간 동안 배운 것을 검토하고 증명하는 방법으로, 학습자
로서 자신이 누구이고 무엇에 가장 흥미를 느끼는지 더 많이 발견하는 것)이다.

과제와 청중 : 계획 과정에 학생을 참여시키기

핵심 요소	학생과 교사의 역할	연관된 마음습관
과제와 청중 청중은 창작과 소통에 어떤 식으로 기여할까?	· **학생** 과제를 해결하고, 시험하고, 개선하는 데 도움을 줄 진정한 청중을 파악해서 참여시킨다. · **교사** 과제에 적절한 청중, 과제가 영향력을 발휘하기에 적합한 발표의 장을 찾을 수 있게 돕는다.	· 이해하고 공감하는 마음으로 듣기 · 정확성 기하기 · 정확하고 명료하게 생각하고 대화하기 · 상호협력적으로 사고하기 · 자기 생각에 대해 생각하기 · 위험부담을 감수하고 모험하기

과제와 청중을 선정할 때 교사와 학생들이 계획하고 실행하는 과정
에서 고려할 세 가지의 기회가 있다. 학생에게 주어진 참여자, 공동
창조자, 주도자로서의 기회다. 이 세 가지 역할은 표 4-1처럼 서로
중첩되며 학생들은 개인적인 필요, 시간적 변수, 목표에 따라 역할
을 오간다. 이 세 가지 접근 방식 모두 나름의 장점이 있지만 주의할
점도 있다.

표 4-1 계획, 실행 과정에서 학생에게 주어진 기회

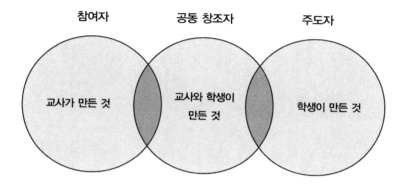

표 4-1 계획, 실행 과정에서 학생에게 주어진 기회

참여자로서의 역할　학생들은 교사가 승인한 주제, 지문, 문제 중에서 선택할 기회가 있다. 예를 들면 다음과 같다.

- 목록에 있는 몇 가지 주제 중에서 연구 주제를 고른다.
- 선정된 주제와 연관된 몇 가지 지문 중에 한 가지를 읽는다.
- 몇 가지 사물 중에서 하나를 골라서 새로운 시선으로 생각해본다.
- 논쟁이 진행 중인 어떤 이슈에 찬성 또는 반대 의견을 내고 설득력 있는 근거를 제시한다.

장점　교사가 특정 단원과 직접 관련되거나 학년 수준에 맞도록 과제를 조절하고, 반 학생들의 다양한 흥미를 살릴 수 있다. 학생들이 마음대로 선택하면서도 길을 잃고 방황할 염려가 없을 정도의 든든한 토대가 마련되어 있다고 느낀다.

주의할 점 교사가 수업을 설계할 때 할 일이 많아진다. 선택 가능한 조건이 몇 가지 안 될 때라도 배우는 내용과 맥락이 맞으면서 학생들에게 의미 있는 아이디어를 찾아서 추진하려면 시간이 꽤 많이 필요하다. 교사가 고를 수 있는 항목을 두세 가지 주었다고 그 선택 항목이 학생들에게 모두 잘 맞는다는 보장도 없다.

공동 창조자로서의 역할 학생들은 교사가 정한 한도 내에서 과제의 종류와 형태를 기획할 기회가 있다. 다음과 같이 해볼 수도 있다.

- 해당 장르에 대한 이해도를 증명하기 위해 그 장르 작품을 창작한다.
- 미국에서의 소득 분배 불평등처럼 지역적, 국가적, 세계적인 문제를 조사한다.
- 어떤 문화에 대해 조사한 내용을 토대로 여행 일정표를 만든다.

장점 프로젝트 설계의 책임을 학생과 나누게 되면 교사는 커리큘럼의 내용뿐 아니라 학생들의 재능과 흥미까지 헤아린 장르, 아이디어, 설계에서의 어려움 등 전반적인 문제들에 주의를 기울이고 챙길 수 있다. 합의된 일반적인 프로젝트 가이드라인 내에서 학생들은 수업 내용 중에 어떤 것이든 각자 밀접한 관련이 있고, 중요하고, 의미 있다고 생각하는 부분을 프로젝트 주제로 정할 수 있다.

주의할 점 교사가 학생들과 일대일로 의견을 나누면서 통합적인 계획과 탐구 일정을 짜고, 전개 상황을 모니터하고, 적절한 도움을 줘야 한다. 학생들이 어떻게 하면 좋을지 잘 몰라서 조금 당혹스러워하거나 교사의 조언을 구할지도 모른다(그럴 경우 학생은 참여자로서의 역할로 돌아간다. 앞서 언급했듯이 표 4-1에서처럼 역할이 중첩되기도 한다). 그리고 한 교실 내에서 공동 창조하는 과제가 여러 개 진행되고 있어서 친구들에게서 직접 영감을 얻을 기회가 없을 가능성도 크다.

주도자로서의 역할 평가 기준만 정해진 상태에서 학생들이 각자 진행할 과제를 설계한다. 이때 평가는 외부 기준(업계나 기관의 세부 규정이나 대회 규정 등)이나 내부 기준(교내 교육과정 지침이나 교사가 결정한 사항)으로 할 수 있다. 예를 들면 다음과 같다.

- 과학 탐구 대회에 출전하기 위해 실험을 하고 결과를 기록한다.
- 연중 정기적으로 특별 재능 수업 시간이 있어서 어떤 아이디어가 됐든지 연구하거나, 글을 쓰거나, 공동체 내에서 원하는 조치를 취해볼 수 있다.
- 5학년, 8학년, 12학년 말에 최종 발표 시간을 갖는다.
- 글쓰기 대회에 출품할 단편 소설을 쓴다.
- 마이크 개방 시간(open mike)에 사람들 앞에서 발표할 이야기를 준비한다.

장점 교사는 학생들이 원하는 대로 마음껏 탐구하고, 깊이 생각하고, 창작할 수 있도록 격려하는 데 기준을 활용한다. 학생들은 각자에게 의미 있는 문제를 해결하거나 아이디어를 생각해낼 수 있다. 정해진 기준을 충족하기 위해 노력할 수도 있지만 각자가 가치 있게 생각하는 것을 만들기도 한다.

주의할 점 교사가 반드시 학생과 일대일로 대면해서 목표 설정, 관찰, 과제 제출 일정을 확인해야 한다. 어떤 학생은 교사가 자주 찾아가 도움을 줘야 하지만, 어떤 학생은 교사가 확인하는 것을 불편하게 여길 수도 있다. 학생에 따라서는 이런 경험이 생소해서 어찌할 바를 모르고 당황할 수도 있다. 그런 학생들은 교사가 일일이 지시하는 대로 따르는 데 너무 익숙해진 나머지 이런 활동에서 자유로움보다 오히려 무력감을 느낄 수도 있다.

새로운 관계 형성에 따른 새로운 책임

세 가지 상황 모두 계획 단계에 학생들이 참여한다는 사실에서 학생들을 존중하는 가치가 드러난다. 그런데 이런 새로운 환경이 자리 잡으려면 교사와 학생들이 새로운 협력 관계를 만들어나가야 한다. 교사는 각 학생의 장점과 재능을 파악한 상태에서 학생들과 관계를 쌓고, 학생들이 각자의 경험과 계획을 펼쳐나가도록 배려해야 한다. 또 교사들이 주도권을 쥐고 교실을 좌지우지할 것이 아니라 서로 이해하고 타협하는 관계를 조성해야 한다.

학생들은 이제 커리큘럼을 완전히 정해진 사안이 아니라 상호작용을 통해 조절할 수 있는 계획으로 받아들이게 되었다. 따라서 관심이 있는 분야와 궁금한 점을 명확히 표현하는 법을 배우고, 원하는 분야를 선택해서 결단력 있게 추진해 나가야 한다. 이제는 학생들도 어떤 결과물을 산출하거나 과제를 수행할 때 중요한 사항을 함께 논의하는 입장에 있다. 처음에는 개인적인 견해를 밝히는 데 그칠지 모르지만 대화가 본격적으로 전개되면 해당 장르(예 : 과학 저널, 단막극, 설득하는 연설)의 특성을 전반적으로 조사하고 그에 관해 논의하는 형태로 확대되어야 한다.

학생들은 각자 선택한 과제를 기획하는 과정에서 교사나 친구들과 의견을 모은 뒤 어떤 접근 방식을 쓸 것인지, 누구에게 어떤 식으로 발표할 것인지 등의 구체적인 실행 계획을 결정한다. 어떤 과제를 선택했든지 착수 과정부터 '자기 생각에 대해 생각'할 필요가 있다. 예를 들면 과제를 할 때 어떤 습관이 있는지 생각해보고, 끈기와 집요함이 있는지 돌아보고, 과거에 어떤 전략이 효과가 있었는지를 떠올려본다. 이렇게 돌아보면서 생각을 명확하게 되짚으면 '학교 과제'와 '공부'를 별개로 생각하는 벽이 허물어지면서 과제가 한결 유의미한 학습 활동이 된다.

함께 만들어가면서 좋은 발상 떠올리기

프로젝트를 기획할 때 맨 처음 해야 할 일은 목적, 청중, 과제에 대해 깊이 생각해보는 것이다. 셋 중에 어떤 것을 먼저 정하든 관계없

표 4-2 학교 과제로 활용 가능한 다양한 활동

노래 숍 보드게임
입문 안내서 모델 요요
물건 소개하기 뉴스 기사 모의재판
코미디 루틴 신문 퀴즈게임 아이패드 춤
멀티미디어 프레 게시판 드라마 전기물
단편소설 설문지 영화 CF 광고 엽서 띠 지도
요술 콜라주 입증 개념도 만화 순서도 재연
코미디 촌극 인형극
경기 페이스북 페이지 스포츠방송
실험 보고서 랩 타임캡슐
책자 애니 사전
연대표 스크랩북 문자 메시지 팝업 북 인터뷰 연극
논쟁 과학 보고서
강의 토론 메
라디오 방송
시각 자료 사진
연재만화 역사소설
수락 연설 시트콤 퀼트 이메일
공연 글짓기

지만 이 세 가지가 서로 어긋남 없이 일치하도록 충분히 고려해야 한다. 예를 들어 학생들에게 배운 내용을 표현하고 발표하는 데 활용할 색다른 방법에 대한 아이디어를 주고 싶어서 온라인을 검색하던 중에 표 4-2와 같은 단어 뭉치를 발견했다고 하자.

이 같은 목록에 나온 활동들은 기회이자 도전이다. 이런 활동이 배운 것을 증명하는 데 쓰일 경우, 당사자가 효과적인 소통 방식을 잘 이해하는지 여부나 주제와 얼마나 연관성이 깊은지에 따라서 겉보기만 번드르르한 활동에 그칠 수도 있고 진정하고 현실성 있는 활동이 될 수도 있다.

예를 들어 어떤 학생이 뉴스 제작이 자신에게 아주 좋은 수단이 되겠다고 생각했다고 하자. 이때 이 학생이 소기의 성과를 얻기 위해서는 조사할 가치가 있는 문제를 선택하고, 다양한 견해를 자세히 조사해서 신뢰와 객관성을 유지하고, 목표 청중이 공감할 수 있는 방식으로 보도할 줄 알아야 한다. 반면에 주제가 미리 정해진 상태에서 각 학생들이 정보를 찾고 중요한 내용을 기록한 뒤에, 새로이 알게 된 사실을 뉴스 기사 형태로 제작해서 제출하거나 선생님 앞에서 직접 발표할 수도 있다. 이 두 가지 경험을 비교하면 첫 번째는 깊이 있는 배움의 기회가 되는 데 비해 두 번째는 어설픈 경험에 그치고 만다.

그럼 여기서 배운 것을 증명하는 과정이 알차고 보람 있는 공동 창조의 기회가 되는 좋은 사례를 몇 가지 더 살펴보자.

● **코미디 연기** 코미디와 같은 발표 방식을 활용하면 인종이나 불법 이민, 비만 같은 무거운 주제를 가볍고 재미있게 다룰 수 있다. 다만 기본적으로 농담이나 코미디의 어떤 점이 사람들에게 웃음을 주는지, 그런 유머를 복잡한 사회 이슈를 다루는 데 어떤 식으로 활용하는 것이 좋은지, 진지함과 경박함을 어떻게 적절히 조화시키는지를 이해하고 있어야 한다. 학생들은 이 활동을 통해서 짧은 코미디를 만들거나, 전문 코미디언이라면 어떻게 풀어냈을지 분석해볼 수 있다. 학생들이 16가지 마음습관 중 하나인 '유머 찾기'를 더 깊이 이해할 좋은 기회이기도 하다.

● **동영상이나 만화 창작** 동영상이나 만화 모두 해당 주제에 대해서 새롭게 알게 된 내용을 보여주고 남들을 가르치는 수단으로 삼을 수 있다. 실례로 중학교 수학 교사인 에릭 말코스는 학생들이 수학 참고 자료를 만들고 공유할 수 있는 웹사이트를 만들어서 전 세계 대중에게 공개했다.(http://mathtrain.tv/ category/student-createdvideos 참조) 에릭의 학생들이 만든 자료 중 상당수는 이미 조회수가 수천 건을 넘었다. 시청자들은 단순히 동영상을 보기만 하는 것이 아니라 그 자료가 얼마나 도움이 되었는지 평가를 남겼다. 만화를 활용해서 배운 내용을 표현하는 예로는 코믹 라이프Comic Life, 쇼우미ShowMe, 에듀크리에이션즈Educreations 같은 소프트웨어를 이용해서 만화를 제작한 사례가 있다.(www.fishing4tech.com/student-work-samples.html. 참조) 블로그를 방문하면 블로거이자 IT기술 전문가인 존 스티븐스가 모은

학생들 작품의 예를 참고할 수 있다.

● **타임캡슐** 타임캡슐에 넣을 내용물을 선정하는 활동은 학생들이 다양한 유물을 통해서 과거나 현재의 사건, 가치, 혁신에 관한 지식을 공유하고 각 유물의 의의를 설명할 기회가 된다. 타임캡슐은 실물로 만들어도 좋고 반복되는 짧은 동영상이나 인포그래픽 형태의 미디어 자료를 모아서 가상으로 제작해도 된다.

● **가상 독서 토론** 같은 연령대 학생들이 갖가지 지문의 다양한 관점을 나누는 토론 활동으로 글로벌 리드 얼라우드Global Read Aloud (https://theglobalreadaloud.com) 같은 플랫폼을 활용할 수 있다. '깊이 생각해 볼 문제' 코너에서는 전 세계 각지의 학생들이 모여서 나누는 이런 대화가 해당 지문을 이해하는 데 어떤 영향을 끼쳤는지 학생들에게 질문할 수도 있다. 2010년 이후 트위터, 키드블로그Kidblog, 에드모도Edmodo 등의 서비스를 통해 50만 건 이상의 토론이 진행됐다.

● **방법이나 요령 소개하기** 퇴비 만드는 법, 곤충호텔 만드는 법, 미각 시험법처럼 방법이나 요령을 소개하는 활동은 학생들이 터득한 실용적인 기술이나 방법적 지식을 남들에게 소개하고 가르칠 기회를 제공한다. 위에 예로 든 것들은 엘리스 월터스의 '에더블 스쿨야드The Edible Schoolyard(www.edibleschoolyard.org)'에 나오는 커리큘럼을 끝낸 학생들이 실행했던 활동의 예다. 이 커리큘럼은 공통 교육과정

과 차세대 과학교육 기준에도 부합한다.

● **팬 픽션** 어떤 작가가 쓴 작품의 도입, 결말 또는 일부 장면을 학생들이 상상력을 발휘해서 새롭게 창작하는 글쓰기 수업은 이미 수십 년 전부터 교실에서 해왔던 활동이다. 온라인으로 글을 손쉽게 발표할 수 있게 되면서 팬 픽션Fan Fiction, 즉 영화와 TV 프로그램을 포함한 다양한 장르의 저작권이 등록된 작품들을 새롭게 꾸미거나 바꾸거나 발전시킨 수백만 가지의 글이 쏟아져 나왔다. 팬 픽션에서는 원래 작품의 줄거리, 인물, 도입부, 결말을 수정하거나 작품에서 전하고자 하는 교훈, 이상, 정치적 견해를 바꾸기도 한다. 학생들은 경험과 사건을 전개하거나 극중 상황에서 인물의 대처를 나타내는 내러티브 기법 사용 능력을 증명해보일 수 있다. 또 서술한 경험이나 사건(공통 교육과정 영어에 나오는 글을 각색한 것)에 뒤따르는 이야기 전개나 결말을 제시하거나 자기가 쓴 글을 웹사이트(www.fanfiction.net)에 게재하거나 글쓰기 대회에 출전할 수도 있다. 예를 들어 오클라호마 시립 도서관에서는 연령에 관계없이 누구든지 참가할 수 있는 글쓰기 대회를 매년 개최한다. 팬 픽션 창작과 관련한 더 자세한 정보는 웹사이트(www.wikihow.com/Write-a-Fanfiction)를 참조하기 바란다.

● **계획 아이디어 제시하기** 학생들이 배운 내용을 현실 생활에서 부딪치는 문제에 적용하거나 일상생활을 더 편하게 바꾸는 데 활용해볼 수 있다. 예를 들어 웹사이트 '디자인 스쿼드 글로벌'(http://pbskids.

org/designsquad/projects)에서는 어린 학생들이 아이디어를 내고, 공유하고, 발전시켜볼 수 있다. 기존에 학생들이 제시했던 아이디어 중에는 화재경보기와 소화기가 내장된 환풍기, 시각 장애인용 비디오 게임, 행방불명자를 수색하는 로봇 등이 있다.

청중의 위력

캘리포니아에 있는 한 고등학교에서 과학 교사로 근무하는 크레이그 가스타우어는 교사와 학생을 제외한 외부인이나 그 분야 전문가들을 청중으로 불러서 학생들이 준비한 과제를 발표할 때의 위력을 직접 경험한 적이 있다. 그는 우리에게 이렇게 설명했다.

제 수업을 듣는 학생들 대다수는(56명 중에 52명이) 특정한 대상을 염두에 두고 과제를 준비했을 때 배우는 자세가 달라졌다고 입을 모았습니다. 많은 학생들은 관점이 중요하다는 사실에 주목하게 되었어요. 탈수 증세를 나타내는 아이를 처치하는 방법을 서로 다른 두 부류의 청중 앞에서 설명할 때, 구조대원들은 과학적인 용어를 쓴 설명을 듣고 싶어 하지만 부모들은 그렇지 않을지 모릅니다. 그런가 하면 의사소통을 효율적으로 하려면 단순히 문법이나 구두점을 올바르게 사용할 줄 아는 것만으로는 부족하다는 사실을 깨닫는 학생들도 있었습니다. 그리고 최종 완성 과제를 외부 청중 앞에서 발표해야 하기 때문에 배운 내용을 더 잘 정리하고 일관성 있는 생각을 제시해야 하죠. 그래서 학생들은 자신이 배운 것을 증명하고 지식을 남들에게 전달해야 한다는 부담감을 더 많이 느낍니다.

애석하게도 과제, 청중, 형식이 자유롭다는 점 때문에 불안감이 조장되는 측면도 있습니다. 어떤 학생이 이런 의견을 남긴 적이 있어요. "지난 수년 동안 우리는 규칙을 지키고, 주어진 형식만이 성공의 길이라고 배웠어요. 그런데 이제는 우리가 정해진 틀 밖으로 나가야 한다는데 어디서부터 시작하면 좋을지 혼란스러워요. 하지만 이런 방식을 따를 경우에는 제가 어떤 것을 선택할 수 있는지를 알아보고 배운 내용을 발표하는 데 쓸 최적의 방법을 스스로 결정할 수 있어서 좋아요."

또 어떤 학생들은 안 좋은 점수를 받거나 책임져야 한다는 두려움에 사로잡히기도 합니다. 그런 학생들은 이렇게들 말합니다.

- "저는 선생님이 어떻게 숙제를 해야 하는지 정확히 설명해서 학생들에게 의문이 전혀 남지 않아야 한다고 생각해요. 그렇게 해야 성적을 잘 받을 수 있거든요."
- "저는 틀이 정해져 있는 게 좋아요. 저희가 무엇을 해야 하는지를 선생님이 말씀해주시면 저는 제가 하는 활동에 더 자신감이 생기거든요."
- "저는 우유부단한 성격이라서 힘들어요."
- "다른 선생님들은 모두 무얼 해야 하고 어떻게 해야 하는지를 알려주세요. 그런데 이 수업 시간에는 왜 이렇게 학생들을 불편하게 만드나요?"

하지만 한 학생의 의견을 듣고는 이런 접근법이 얼마나 가치 있는가를 확실히 깨달을 수 있었습니다. "선생님이 학생들에게 모든 걸 일일이 다 가르쳐주면, 생각하고 실제로 부딪쳐나가는 경험을 대신 해주는 셈이어서 학생들은 무엇을 해야 하고 왜 해야 하는지를 절대 깨우치지 못할 거예요."

저는 학습하는 내용과 절차를 계획하고, 비판적으로 사고하고, 배운 내용을 이해하고, 배운 것을 새로운 상황에 적용해서 미래에 대비할 기회를 학생들과 함께 만들어 가야겠다고 더 굳게 다짐했습니다.

예시와 전문적인 조언

프로젝트 과제를 시작할 때는 무엇을 어떤 목적으로 탐구할 것인지 학생들이 생각하고 결정하는 데 도움을 줄 본보기나 예시를 반드시 제공해야 한다. 학생이 어떤 종류의 결과물을 만들겠다고 생각하고 열심히 알아보다가 이내 그런 과제물이 목표 대상과 잘 안 맞는다는 사실을 깨닫고 방향을 수정하는 경우가 종종 발생한다. 그 때문에 교사는 예시를 제공하는 과정을 보통 여러 차례 되풀이한다.

예를 들면, 서로 상반된 두 입장을 제시하고자 할 때 가장 먼저 떠오르는 접근 방식은 토론일 것이다. 실제로 조사를 해보니 상반된 두 가지 견해 모두 중요하기는 하지만 그 중 한 가지 견해를 옹호하고 주장하는 데 초점을 맞추고 싶어질지 모른다. 그래서 주장을 펼치고 문제를 해결하는 방법을 알려주는 웹사이트를 만들기로 방향을 수정한다. 자신의 진정한 의도는 대중들에게 이 정보를 알리는 것이므로 인터넷을 활용하는 것이 최선이라고 생각하기 때문이다. 그래서 웹사이트 디자인 전문가를 찾아보거나 자신과 같은 목적으로 만든 웹사이트를 운영 중인 비영리 단체에 연락을 해볼 수도 있다.

이런 식의 과제 전개에는 둘 이상의 교과가 섞여 있다는 사실에도 주목하기 바란다. 예를 들어 위의 과제가 건강과 관련한 견해를 다룬 것이라면 미술 교사는 완성 과제를 더 아름답고 보기 좋게 꾸미는 방법을, 체육 교사는 내용 면에서 전문적인 조언을, 국어 교사는 설득력 있는 글쓰기 방법을 조언해줄 수 있을 것이다. 전문가는 학교 안에도 있고 학교 밖에서 찾을 수도 있다.

학생을 공동 창조자로 성장시키려면

현재적 관점이 반영된 것이라야 '주목'을 끌 수 있다는 사실을 기억하라 학습자들은 커리큘럼의 내용이 현재 그들이 처한 환경, 직면한 문제, 세계관과 어떤 관련이 있는지를 알고 싶어 한다. 만약 과거를 샅샅이 파고들어 분석하는 시간이라면 그 내용은 학생 개인, 학생이 속한 공동체, 오늘날의 세계에 어떤 의미가 있는지에 근거해야 한다. 이 경우 계획 단계에 일찍부터 학생을 참여시켜서 학생들 각자나 학급 전체 모두가 크게 주목할 만한 사안이 무엇인지를 파악하도록 한다.

최종 목표에 집중하고, 어느 정도는 학생의 자율에 맡겨라 목표, 즉 학습을 통해 성취하려는 바가 무엇인지에 지속적으로 초점을 맞추면 학생들이 공동 창조자의 역할을 보다 쉽게 받아들이고 교사들도 변화를 한결 수월하게 포용할 수 있다. 많은 교사들은 다양한 과제가 동시에 진행된다는 데에 심적 부담을 크게 느낀다. 그런데 명심해야 할 점은 이런 접근 방식이 학생들을 깊은 바다에 던져 놓고 스스로 잘 헤쳐 나오기를 멀리서 기원하는 것도 아니고, 교과 필수 과정과 전혀 관계가 없는 활동을 마음대로 하도록 내버려두는 것도 아니라는 사실이다. 그저 학생들을 학습 과정에 참여시켜서 어떤 문제를 탐구할지, 무엇을 만들지, 누구를 위해서 만들지, 어떻게 하면 더 정확하고 명료하게 소통할지를 스스로 충분히 생각해서 결정하도록 교사들은 옆에서 보조해주는 것이다.

현실성이 중요하다 실제 세계와 관련이 깊은 현실적인 문제, 이슈, 아이디어를 제기하고 탐구하려면 철저하게 조사하고 신중히 생각해야 한다. 그런 아이디어는 시민, 전문가, 미래를 전망하는 사람들이 있는 교실 밖에서 찾을 수 있다. 해당 분야에 경험과 지식이 있는 사람들은 청중으로서 학생들의 과제 발표를 듣고 학생이 이해한 내용, 아이디어, 해법을 다듬고 발전시키는 데 도움이 되는 피드백과 조언을 해줄 수 있다.

연습이 중요하다 학생들이 훌륭한 과학자, 역사학자, 예술가, 수학자, 요리사가 되기 위해 매진하려면 정기적으로 해당 분야의 활동을 접할 기회가 있어야 한다. 매사추세츠에 있는 올린 대학 교수이자 글쓰기 전문가인 길리언 엡스타인Gillian Epstein은 공대 학생들을 대상으로 강좌를 열고, 삶에서 깨달은 것들을 글로 표현하는 법을 가르치고 있다.

엡스타인은 학생들의 글쓰기 실력을 향상시키기 위해 교사가 활용할 수 있는 핵심 요령 두 가지를 우리에게 알려주었다.

첫 번째는 학생들에게 삶에서 벌어지는 '간단한' 이야기를 해보라고 유도하는 것이다(한 페이지를 넘지 않는 분량으로도 충분하다). 그렇게 하면 자기 검열 없이 무엇이 되었든 마음 편히 꺼낼 수 있어서 '작가의 슬럼프'를 피할 수 있고, 고쳐 쓰기를 힘들고 부담스러운 일이 아니라 해볼 만한 일로 느낀다.

두 번째는 교실 밖에서 이야기를 찾고 공유할 것을 규칙으로 정하는 것이다. 동네에 사는 할머니나 할아버지를 인터뷰해서 학생들이 삶에서 경험한 적이 있는 문제(예를 들면 권위에 도전하거나, 상실의 슬픔을 느끼거나, 실수를 저지르거나, 꿈을 접어야 했던 상황)에 대한 새로운 의견을 들어볼 수도 있다. 이런 과정은 학생의 관점을 넓혀줄 뿐 아니라 학교 밖 세상에서 들은 이야기를 나누고, 질문하고, 공유하는 분위기를 형성하면서 교실을 활기 넘치게 만든다.

평가 : 심사에 학생들을 참여시키기

학생들이 과제를 계획하고 추진할 때, 과제가 어떤 식으로 평가되는지를 미리 알아둘 필요가 있다. 평가 기준과 관련 평가 도구를 상세히 기술하면 어떤 능력을 발달시키는지가 명확해지고 학생의 발전에도 도움이 된다.

핵심 요소	학생과 교사의 역할	연관된 마음습관
평가 완성된 과제를 현실적인 관행과 기준을 반영해서 어떻게 평가해야 할까?	· **학생** 다른 사람들과 협력해서 평가 기준을 정하거나 완성된 과제물을 준비하는 동안, 기존의 기준을 일부 활용해서 스스로 평가한다. · **교사** 학생들과 협력해서 평가 기준을 규정하고 검토해서 학생들이 완성된 과제물의 지속적인 평가를 촉진한다.	· 정확성을 기하기 · 지속적인 배움에 열린 마음 자세를 갖기 · 모든 감각을 동원해서 자료를 수집하기 · 자기 생각에 대해 생각하기 · 경탄하는 마음으로 받아들이기

평가 기준을 함께 만들기

평가 기준을 정할 때는 설계하고, 테스트하고, 피드백을 반영하여 수정하는 과정을 반복해야 하기 때문에 상당한 노력과 치밀함이 필요하다. 우리는 바로 이 과정에 학생들을 참여시킬 것을 제안한다. 예를 들어 과학 탐구 대회에 출전하는 경우 학생들은 연구 계획을 세우고 궁금하게 여겼던 내용을 탐구한다. 그러면서 주제, 연구할 문제, 가설, 접근법 등을 고르고 전문가들의 조언을 얻어서 과제를 진행하는 데 지침이 될 평가 기준을 만든다. 이때 연구 결과를 학교 밖의 사람들 앞에서 발표하는 과정은 그 연구의 적절성(학생의 입장에서 그 연구가 왜 중요하고 어떤 의미가 있는지)을 알릴 중요한 기회가 된다.

　평가 기준을 공동으로 만드는 과정을 과제 수행이나 결과물의 질, 평가 기준을 마련하는 주체, 결과의 소유권이라는 세 가지 측면에서 살펴보자.

과제 수행이나 결과물의 질 준비한 수행 과제나 최종 결과물이 의도한 목적과 전달 대상에 맞게 얼마나 잘 전달되었는가? 제시한 해법은 얼마나 혁신적인가? 이 연구에서 제시한 해법으로 문제가 어느 정도 해결되었는가? 정당성을 입증하거나 반박하는 논리가 얼마나 효과적으로 전개되었는가?

이런 질문들은 완성품의 평가뿐 아니라 실행 과정에도 관심을 기울인 데서 나온다. 수행 과제를 평가하는 과정에서 단순히 학생이 정해진 평가 항목이나 기준을 참고로 해서 스스로를 평가하게 하는 데 그치지 말고, 평가에 학생들의 피드백을 적극적으로 반영해야 한다. 이때 학생들의 피드백을 유도하려면 생각을 자극하는 질문을 던진 다음 학생들에게 글로 답을 써내게 하거나 회의 중에 의견을 표현하도록 이끈다.

이제 과제의 질은 교사 혼자서 규정할 수 있는 차원을 넘어선다. 학생들에게도 각자가 생각하는 나름의 기준이 있을 것이다. 완성한 과제에 학생의 깊은 생각이 고스란히 녹아 있다면 학생들은 그저 완성된 상태보다는 그 이면의 세밀한 부분, 뉘앙스, 세세한 기술을 더 중요하게 여길 것이다. 그러면 한 발짝 뒤로 물러서서 완성한 과제를 살피면서 이런 질문을 던져야 한다. '명쾌한 해결책을 제시했는가? 내가 만든 결과물이 내게 중요한 의미가 있는가? 다른 사람에게 중요한 의미가 있는가?'

그 다음으로 지식과 기술이 얼마나 성장했는지 돌아볼 필요가 있다. '몇 주 전이나 몇 달 전까지만 해도 상상하지 못했던 주제, 질문, 문제에 대해서 지금은 무엇을 알게 되었는가? 구체적인 기술이나 절차에 주의를 기울이고 연습했던 것이 최종 결과에 어떤 영향을 끼쳤는가?'

마지막으로 과정과 결과물을 모두 반가이 받아들이면서 '나는 어려움을 어떻게 극복했는가?'와 같은 질문을 던져본다. 수행한 과제를 신중히 돌아보고 기록해두면 성취한 것을 더욱 굳건히 할 수 있다. '학생들이 무엇을 했고 어떻게 해냈는지'는 학생들이 열심히 노력하고, 피드백을 통해 더 발전하고, 자신의 시선을 신뢰했다는 증거다.

평가 기준을 마련하는 주체 교사들은 상당한 시간을 들여서 채점 기준표나 체크리스트 등을 만들어 학생들에게 평가 기준을 알린다. 그런데 우리의 최종 목표는 학생들이 스스로 평가하도록 만드는 것이다. 즉 학생들이 각자가 원하는 유형과 수준을 기술한 '내적 기준'을 명확히 확인하고, 그에 덧붙여 성적 산출의 근거가 되는 '외적 기준'도 알게 하는 것이 우리의 목표다. 대개의 경우 이런 내적 기준과 외적 기준이 동일하지만, 간혹 과제를 하면서 자기가 중요하게 여겼던 부분이 부적합한 기준에 따라 평가되었다고 생각하는 학생들도 있다. 예를 들어 어떤 학생이 과제물을 만들면서 그래픽 디자인(긴 글을 대신해서 의도적으로 사용한 시각적인 요소)을 가장 중요한 요소로 삼았지만 평가 항목에 이런 디자인적 요소가 반영되지 않았다며 이의를 제기할 수도 있다. 혹은 제한 규정에 이견이 있을지도 모른다. 아니면 평가 기준이 자기 의지와는 다른 방향으로 몰아간다고 느끼면서도 정해진 기준으로 점수를 매긴다는 걸 알기 때문에 어쩔 수 없이 따르는 경우도 있을 것이다. 그렇기 때문에 평가 기준을 교사와 학생들이 함께 정하면 학생들이 과제를 주도적으로 기획해나가는 데에도 도움이 된다.

학생들과 평가 기준의 결정권을 공유할 때 고려해야 할 중요한 사항이 몇 가지 있다.

첫째, 과제의 질을 평가해서 채점하는 기준을 만드는 과정에서 세부적인 요소에 주의를 기울여야 하기 때문에 상당한 노력이 필요하다. 특히 학생이 처음 이 과정에 참여하거나 아직 몇 번 안 해봐서 익숙하지 않다면 무엇을 해야 하는지 상세히 알려주어야 한다. 그래야 포기하거나, 입을 꼭 다물어버리거나, 다른 사람에게 결정권을 다 넘겨도 좋다고 생각하는 결과를 막을 수 있다.

둘째, 평가 기준을 정할 때는 더 넓은 목표(관련 표준에 맞춘 개념, 기술, 성향의 입증)를 함께 고려해야 한다. 채점 기준을 설명하는 글은 어려운 단어와 밀도 높은 문장으로 구성되기 때문에 학생들이 이해하기 힘들 수도 있다. 그러므로 학생들도 함께 의견을 내고 확인할 수 있도록 전체적으로 살펴보면서 학생들이 받아들이기 쉬운 표현으로 재구성하면 도움이 된다.

셋째, 결정한 평가 기준이 학생들의 발전에 적절히 기여하는지 확인할 수 있도록 테스트하고 함께 만들어갈 여지가 있어야 한다.

넷째, 학생들이 학급 자체적으로 평가 기준을 만들 경우는 학교 전체적으로 사용하는 기준이나 해당 과목에서 널리 쓰이는 평가 기준을 더 비판적으로 받아들일 수도 있다.

결과의 소유권 학생들이 평가 기준을 정하는 데 중요한 역할을 하든 그렇지 않든 모든 학생은 친구나 전문가의 작품에 기준을 적용해보면서 여러 가능성을 가늠하고 우수한 사례에서 영감을 얻는다. 그런 작품들을 널리 쓰이는 평가 기준에 맞춰 보면서 작품을 우수하게 만드는 요건이 무엇인지를 조금씩 터득해간다. 이런 경험을 통해 학생들은 최고의 작품을 만들고 싶다는 욕구를 느끼고, 준비 중인 과제에 자부심을 갖게 된다. 이렇게 구체적인 사례를 참고하여 마련한 평가 기준은 영감을 자극할 소재가 필요할 때마다 참고할 수 있는 지침이 된다.

교사와 학생이 함께 평가 기준을 만들 때

평가 도구의 신뢰를 높여라 전통적인 평가 기준을 사용하든 아니면 기능별로 다른 기준을 사용하든 수행 과제의 유형별 평가 도구를 가능한 한 일관되게 유지해야 한다. 말하기, 문제 해결, 계획, 정보를 전달하는 글쓰기는 주어진 주제에 맞게 잘 설명하고, 목적에 맞게 수정할 수 있어야 한다.

예를 들어 코네티컷의 에이번 교육청 공립학교들은 문학 분석, 정보를 다루는 글, 주장을 담은 글, 프레젠테이션 방식에 따른 글쓰기에 도움이 되는 읽고 쓰는 능력에 대한 평가 기준을 학군 차원에서 만들었다. 시행 첫해에 교사들은 이 기준을 더 자세히 파악해서 개별 수행 과제에 맞게 개별화했다. 이 새로운 평가 기준은 학생들을 위한 의사소통 수단으로 쓰이는 것 외에 부모, 교사, 학교 행정을 담당하는 공무원들에게도 아주 유용한 수단이 되었다. 표 4-3은 유치원생이 작성한 글 뒷면에 교사들이 첨부한 분석표다. 학생의 글이 공통 교육과정과 교육청 커리큘럼을 기준으로 했을 때 어떤 관련성이 있는지를 분석한 표이기에 학부모에게는 가치 있는 정보가 된다.

교정해서 개선하라 평가 기준은 처음 누가 만들었는지에 관계없이 학생 중심으로 작성하고 학생의 승인을 거쳐야 한다. 학생들에게 익숙하지 않은 단어가 있으면 물어보라고 이야기하고, 중요한 문구에는 밑줄을 그어서 확실하게 이해했는지 확인하고, 중요하거나 우선적으로 다루어야 할 부분을 밝힌다. 교정하는 과정에서 더 간결하고, 분명하고, 학생들에게 더 의미 있다고 드러나면 교사들이 평가 기준을 설명한 글을 다듬어서 학생들에게 친숙하게 고치는 데 활용할 수 있다. 학생들은 평가 항목에 포함해야 한다고 느끼는 부분을 제시하거나 과제물 일부나 전체에 적용해서는 안 된다고 생각하는 부분을 지적할 수 있을 것이다.

표 4-3 유치원 통지문에 적힌 평가 기준

영어(ELA) 기준에 부합하는 평가 항목, 유치원(7세)

아이디어와 내용에 부합하는 기준				
공통교육과정 영어-읽기/쓰기(LITERACY.W.K.2.) 그리기, 받아쓰기, 쓰기 활동을 연계해서 정보를 전달하거나 이유를 설명하는 글을 쓴다. 무엇에 관해서 쓴 글인지 밝히고 주제와 관련한 간단한 정보를 제시한다.				
기준	**1. 기초**	**2. 초급**	**3. 중급**	**4. 고급**
아이디어와 내용 제시된 메시지가 분명하고, 구체적이며, 정해진 주제를 다루고 있는가?	글에 주제가 없다. 혹은 세부적인 내용이 부정확하거나 주제와 연관성이 없다.	글에 주제가 있지만, 그 주제와 관련한 정보를 제시하지 않았다.	글에 주제가 있고, 그 주제를 뒷받침하는 내용이 적어도 한 가지 이상 있다.	글에 주제가 명시되고, 주제를 설명하거나 묘사하는 구체적인 내용을 적절히 제시하고 있다.
	나는 엄마가 좋다.	*새.* *나는 새를 좋아한다.* *새들은 멋지다.*	*새는 날 수 있다.* *새는 깃털이 있다.*	*새는 알을 낳을 수 있다.* *어떤 새들은 깃털이 붉은색이다.* *새는 날 수 있다.*
공통 교육과정 영어-읽기/쓰기(LITERACY.W.K.5.) 어른의 도움을 받아서, 친구들의 질문이나 제안에 응답하고 필요한 부분에 구체적인 내용을 보강한다. **공통 교육과정 영어-읽기/쓰기(LITERACY.L.K.1.B)** 활용 빈도가 높은 명사와 동사를 사용한다.				
기준	**1. 기초**	**2. 초급**	**3. 중급**	**4. 고급**
단어 선택 선택하는 단어에 관해 생각해보는가?	선택한 단어가 정보를 전달하지 못하거나 주제를 설명하지 않는다.	정보를 전달하고 주제를 설명하는 단어와 어휘를 사용하기 시작한다.	정확한 정보를 전달하고 주제를 설명하는 구체적인 단어와 어휘를 사용한다.	정확한 정보를 전달하고 주제를 설명하는 구체적인 단어와 어휘를 꾸준히 사용한다.

출처 : 코네티컷 에이번 교육청

시작하던 때를 회상해보라 학생들에게 맨 처음에 했던 표현, 전략, 질문, 지식 기반을 돌아보게 한다. 그럴 때 학생들은 이런 의견을 낸다. "저는 친구들에게 피드백을 받고서 저에게 꼭 필요했지만 제가 미처 인식하지 못했던 실수를 고칠 수 있었어요." "처음에는 무얼 하고 싶은지 알 수가 없었지만, 제가 거쳐 온 과정을 돌아보니 스카이프Skype(인터넷 기반의 화상 및 음성 통화 서비스) 통화로 누군가와 나눴던 대화가 전환점이 된 것 같아요."

물론 처음부터 끝까지 과제물의 각 단계를 반드시 기록하게 하면 이런 식의 기억이 더 많이 남을 것이다. 과제의 진행 과정이 담겨 있는 음성 기록, 스냅 사진, 간단한 도식, 자유롭게 쓴 글이나 메모 등이 있으면 학생들이 과제를 마무리 하고나서 과정을 더 효율적으로 회상하고 돌아보는 데 도움이 된다.

누가 실권을 쥐는가에 변화를 주라 우리는 학생들이 성적을 평가받는 것이며 각자의 과제를 비판하는 법을 배우는 것이라고 생각하는 데에서 벗어났으면 한다. 학생들이 이 기회를 참신한 경험 정도로 여기기보다는 배움의 과정에 함께하는 참다운 학습 파트너가 되는 연장선으로 받아들이기를 희망한다. 그리고 학생들이 내용 지식, 기술 계발, 개념적인 이해, 학교 안팎에서 수행하는 활동에 대해 전반적인 만족감의 깊이를 평가할 능력을 키웠으면 한다.

판단하는 연습을 하라 학생들은 다른 사람이 만든 작품이나 과제를 평가하고, 장점과 개선 가능성을 발견하는 경험을 통해서 평가 도구를 점점 편하고 익숙하게 사용할 수 있게 되었을 것이다. 평가하는 역할을 자주 맡으면 현재 진행 중인 과제를 같은 맥락에서 살필 기회가 생긴다. 명확하고 실행 가능한 피드백에 기초한 평가에는 늘 발전의 여지가 있음을 강조한다.

종합적인 학습 검증 : 더 진실한 성장 모습 만들어내기

핵심 요소	학생과 교사의 역할	연관된 마음습관
학습의 종합적인 검증 정해진 기간에 배우고 발전했다는 학습 결과를 어떻게 보여줄 수 있을까?	· **학생** 정해진 기간 동안 배운 것을 대표적으로 보여주는 작품집이나 전시 작품으로 만든다. 이를 통해 단일 교과의 성취도, 다양한 교과의 복합적인 성취도, 기질적인 특성의 개선 등을 확인할 수 있다. 학생들은 결과물의 장점과 단점을 확인하고, 앞으로의 학습 방향을 정한다. · **교사** 학생들과 의견을 교환하고, 실험 대상이 되어 학생들에게 각자 과제를 테스트할 기회를 제공하고, 결과물을 면밀히 검토해서 학습한 증거의 신뢰성을 입증하는 데 도움을 준다. 교사는 결과물의 장점과 단점을 세세히 살피고, 학생의 성취와 성과를 높이 산다.	· 과거의 지식을 새로운 상황에 적용하기 · 지속적인 배움에 열린 마음 자세를 갖기 · 정확하고 명료하게 생각하고 대화하기 · 경탄하는 마음으로 받아들이기

이번 장의 마지막 부분에서는 주어진 기간 동안 이루어낸 성과를 보다 전체적인 관점에서 '학습의 종합적인 검증'에 대해 살펴볼 텐데, 일반적으로 작품집과 전시가 이 단계에 포함된다. 우리 내면의 나침반, 다른 이의 의견을 경청하고 단기적인 결과에서 뭔가를 배우는 능력, 우리의 공동 비전과 방향은 공동체 전체가 아이와 어른 모두

에게 유익한 학교 구조를 새로이 구상해나아가는 데 기여할 것이다. 우리는 목표를 늘 염두에 두고 최종 목적지를 향해 나아가는 과정을 지켜볼 수 있다. 개별 과제의 완성도를 높이고 그 과정에서 자아 발견을 도모할 수 있다. 또 학생의 성취도를 평가하고, 목표치를 높게 잡고 과제를 완수한 뒤에도 그 목표를 꾸준히 추구하도록 학생들을 격려할 수 있다.

이와 관련해서 제이 맥타이와 그랜트 위긴스는 '성취와 발전의 증거'라는 훌륭한 아이디어를 제시했다(2011).

사진첩처럼 '성취와 발전의 증거'에는 각 학습자에 대한 완벽하고 정확한 설명이 담겨 있다. 개별 시험 점수(스냅 사진)로는 이런 포괄적인 내용을 절대 터득하기가 어렵다. 다양한 출처에서 수집한 데이터로 '다각화'할 수 있어서 결과적으로 공통 교육과정에서 더 신뢰성 높은(많고, 다양하고, 철저한) 평가 증거를 얻을 수 있다. 일단 자리가 잡히면 학생들이 고등학교를 졸업할 때 수강 과목, 출석, 종합 성적을 기록한 성적표가 아니라 학교에 다니는 동안 배우고 성취한 것을 총망라한 일종의 이력서를 하나씩 얻게 된다.

종합적인 평가에 기여하는 여러 지표

학생들의 성과를 다면적으로 평가하는 사진첩식 접근법에서 볼 때, 다양한 시험과 과제의 역할을 다음과 같이 설명할 수 있다.

외부 시험 외부 시험을 활용하면 서술적 지식과 절차적 지식, 분석,

제한된 응용 능력을 측정할 수 있다. 이런 시험들은 사진첩에 들어가는 스냅사진에 해당하며 학생의 성취도에 관한 타당한 정보를 제공한다.

그러나 시험이 교육의 주요 일상 활동으로 자리 잡는 불상사가 생길 경우, 학생들은 학습 의욕을 상실하고 전반적인 성과가 나빠질 수 있다. 그랜트 위긴스는 의료계에서는 병원에서 스트레스 검사를 받았는지 여부가 건강의 지표라는 비유를 종종 들었다. 건강 관련 지표가 좋아지려면 환자들이 스트레스 검사에서 좋은 점수를 받는 연습을 할 것이 아니라 균형 잡힌 식단, 꾸준한 운동, 충분한 수면에 관심을 기울여야 할 것이다.

개정된 형식의 외부 시험(미국 대학 수능시험 ACT, 대학 과목 선이수 AP)이나 현장에서 사용하는 새로운 유형의 시험(대학 및 직업 준비 평가 CWRA, 스마터 밸런스 시험)에는 비판적인 분석, 문제 해결, 증거를 제시해서 타당성을 증명하는 문제가 많아졌다. 한 발 나아가 뉴욕, 워싱턴, 뉴햄프셔 등 몇 개 주에서는 내용에 대한 지식과 기술을 새로운 상황에 적용 가능한지를 평가할 수 있을 뿐 아니라 수량화하거나 가늠하기 까다로운 기준을 측정하기 위한 여러 수행 평가를 이미 만들었거나 만들고 있다.

교내 시험과 수행 평가   교내에서 시행하는 시험과 수행 평가는 단일 교과, 복합 교과, 태도나 성향적인 목표의 달성 여부를 평가할 수 있다. 그 안에는 정형화된 문제와 서술형 문제, 모의 과제나 발표 혹은 실제 과제나 발표 등이 포함된다. 이런 교내 시험과 수행 평가 대부분을 이미 사용하고 있지만 의도한 목표를 성취했는지를 측정하는데에서 약간 벗어난 경우도 있기 때문에 평가의 세부적인 부분을 맞춰서 조정할 필요가 있다.

표 4-4는 이런 '미세 조정' 과정을 '글 쓰는 법'이라는 주제에 어떻게 적용하는지를 보여주는 예로, 우리 중 한 명이 텍사스의 캐롤톤 파머스 브랜치Carrollton-Farmers Branch 교육청과 함께 작업하면서 얻은 아이디어다.

특별활동 정규 교과와 연계해서 진행하는 특별활동을 통해 단일 교과, 복합 교과, 태도나 성향적인 측면을 평가할 수 있다. 많은 학생들이 복잡한 문제를 풀고, 아이디어를 발전시키고, 교외 활동에서 공동의 목표를 달성하기 위해서 협력하는 데 몰두한다. 이런 활동에서는 교사가 따로 과제를 내주거나 채점을 하지 않을 때도 있지만, 학생이 그동안 배운 지식과 기술로 무엇을 할 수 있는지를 깨닫는 소중한 기회다. 학생들은 종합적인 프로젝트나 도전 과제로 어떻게 목표를 달성했는지 설명하고, 완수한 프로젝트를 기록으로 남기고, 외부 평가자(예를 들면 회사나 업체의 사장, 비영리단체의 연락 담당자, 가상 네트워크에서 소통하는 다른 학생들)를 영입해서 프로젝트를 추진하는 과정과 완성한 과제물에 활동 내용이 어떤 영향을 끼쳤는지를 설명할 수도 있다.

개별 과제 개별 과제로도 단일 교과, 복합 교과, 태도나 성향적인 측면을 평가할 수 있다. 그런 개별 과제에서는 학생들이 공동 창조자나 주도자가 된다는 점을 앞부분에서 살펴보았다.

표 4-4 의도한 성취 목표에 맞게 조절한 수행 평가

장기 목표

의사소통 : 다양한 매체를 활용해서 주어진 목적에 맞는 대상에게 정보, 아이디어, 감정을 전달한다.

관련한 글쓰기 기준

공통 교육과정 영어-읽기와 쓰기4(CCSS.ELA-LITERACY.CCRA.W.4)

핵심 기준 : 전개, 구성, 스타일이 과제, 목적, 청중에 적절하도록 명확하고 일관성 있게 글을 쓴다.

관련한 능력과 마음습관

· 단어, 삽화, 사진 등으로 각 단계를 명확하게 설명한다. – 정확하고 명료하게 생각하고 대화하기

· 테스트와 수정 절차를 거쳐서 각 단계를 구성한다. – 정확성 기하기

· 목표 청중의 지식을 기초로 구체적인 사항을 덧붙인다. – 이해하고 공감하는 마음으로 듣기

수행 평가의 예

· **초등 저학년** : 치과 의사가 아이들에게 양치질 하는 법을 자세히 설명한 목록을 만들어 달라고 교사에게 부탁한다. 아이들과 가까이 지내는 교사가 치과 의사인 자신보다는 아이들과 대화하는 방식에 익숙하고, 아이들의 양치 습관에 관해서도 더 잘 알 거라고 생각했기 때문이다. 교사는 역할극, 스토리보드 만들기, 둘씩 짝지어 활동하기, 브레인스토밍 등을 활용해서 가르칠 내용을 미리 적어본다. 이때 교사는 집에서 직접 이를 닦으면서 자신이 적은 설명이 적합한지 살피고 수정이 필요한 곳은 고친다.

· **초등 고학년** : 악기를 한 가지 정한다.(참고로 악기를 연주할 줄 모르는 학생들을 위해서 마라카스, 종, 탬버린, 드럼, 리코더 등의 간단한 악기를 준비하거나 이 활동을 진행하는 동안 음악 교사에게 도움을 요청한다.) 해당 악기를 전혀 만져본 적이 없는 학생들이 있다면, 어떻게 해야 악기의 소리를 낼 수 있는지를 설명하는 자료를 준비한다. 여기서 한 발 나아가서 소리를 다양하게 내거나 소리를 더 아름답게 내는 법을 설명하는 자료를 준비할 수도 있다. (예 : 드럼으로 더 복잡한 리듬을 연주하는 법, 피아노에서 여러 다른 화음을 내는 법, 삐삑거리는 소리가 나지 않게 리코더를 부는 법)

· **중·고등학교** : 전문적으로 잘하는 분야가 있는지(피아노 연주, 앞바퀴를 든 채로 스케이트보드 타기, 소셜 미디어 플랫폼 활용하기 등) 생각해본다. 글, 삽화, 사진을 이용해서 해당 활동과 관련한 자료를 만든다. 자료를 더 좋게 다듬으려면 그 활동을 처음 접하는 사람이나 예전에 시도했다가 좌절하고 포기했던 경험이 있는 사람들에게 그 자료를 나눠주고 효과가 있는지 시험해본다. 그 사람들이 어떻게 느끼는지, 얼마나 잘해내는지 주의 깊게 살펴서 자료를 더 정확하고 친절한 표현, 설명, 어조로 수정한다.

작품집과 전시회 학생들은 작품집과 전시회를 통해 그동안의 성과를 사람들에게 공개하면서 그간의 다양한 경험에 대해 설명하고, 아이디어를 발전시키는 능력과 문제 해결 능력을 효과적으로 증명할 수 있다. 작품집과 전시회는 '세상은 당신이 무엇을 아는지보다 알고 있는 지식으로 무엇을 하는지에 더 관심을 갖는다(Wagner, 2015)'는 생각을 충실히 반영한 활동이다.

이와 관련한 아주 좋은 예로 버몬트에 있는 한 학교는 중학교와 고등학교 과정을 함께 운영한다. 이 학교 학생들은 온라인 학습, 도제식 교육, 직업 훈련, 인턴제 등 다양한 교육 경험을 거치며 배운 내용을 정리해서 작품집을 만들고 공식 전시회를 연다. 학생들은 기본적인 지식이나 기술을 습득했음을 입증할 증거를 모아서 한 시간짜리 프레젠테이션을 준비한 다음 다른 학생들, 멘토나 조언자 역할을 해 준 교사들, 부모들 앞에서 발표한다. 이 학교와 이 학교에서 운영 중인 개별 맞춤형 학습 프로그램에 대한 자세한 정보는 클라크Clarke의 책(2013)을 참조하라.

두 번째로 소개하고 싶은 예는 샌디에이고에 있는 하이텍High Tech 고등학교이다. 이 학교에서는 학생들에게 배운 내용을 디지털 포트폴리오로 만들어 주기적으로 업데이트하도록 하고 있다. 이 디지털 포트폴리오에는 각 학생이 학교에 다니는 동안에 배우고 참여한 활동에 대한 포괄적인 정보가 모두 담긴다. 그와 비슷한 맥락에서 애리조나에 있는 체인지메이커Changemaker 고등학교와 콜로라도에 있는 아니무스Animus 고등학교에서는 전시회를 모든 학생들이 참여해야 하는 필수 활동으로 규정해두었다.

코네티컷에 있는 그리니치Greenwich 고등학교의 혁신 연구소에서는 학생들이 참여했던 활동을 살피고, 무엇을 배우고 얼마나 발전했는지를 가늠할 기회로 전시회를 활용한다. 이 학교의 STEM(과학, 기술, 공학, 수학) 교육 담당 교사인 브라이언 왈라키아는 교사가 아닌 사람들에게 자신이 했던 활동의 결과를 공유하는 것이 학생들에게는 대단히 자유롭고 자신감 생기는 경험이라고 설명했다. 그는 자기 학생들에게 이렇게 말한다. "아주 흥미로운 발상인걸! 그럼 이제는 이 좋은 아이디어에 감동할 다른 사람들을 찾아볼까?" 또 다른 STEM 교사인 세라 골든은 전시회의 장점을 두 가지 더 꼽는다. 하나는 기한이 있기 때문에 학생들이 긴장해서 시간별 계획에 더 잘 집중한다는 것이고, 다른 하나는 뭔가 막히는 부분이 생길 때마다 그 분야의 전문가에게 조언을 구하게 한다는 것이다.

장점 작품집이나 전시회는 학생들이 각자의 생각을 발전시켜서 기대한 성과를 얻었음을 증명하는 결과물을 모아 놓은 것이다. 개별 맞춤형 학습의 네 가지 특성을 대입해보면 작품집과 전시회의 장점이 더욱 명확해진다.

목소리 학생들은 자신들이 만든 작품이나 과제를 평가하는 과정에 전보다 훨씬 중요한 역할을 할 수 있다. 학생들은 교사, 부모, 학생이 함께하는 자리에서 자신들이 만든 결과물

모음을 보여주면서 결과물의 장점과 함께 자신들이 어떤 어려움이나 문제에 직면해 있는지를 공유한다.

 공동 창조 평가 단계에서 학생들의 위상이 높아짐으로써 이제는 동반자로서 목표를 설정하는 과정에서 중요한 역할을 맡는다. 후속 프로젝트나 과제에서 취해야 할 다음 단계를 결정하는 데에도 참여한다.

 사회적 구성 학생들은 자기가 완성한 과제나 작품을 가감 없이 검토하고 교사, 멘토 등 자신의 작품에 조언을 해줄 수 있는 사람들과 상의해서 실천 가능한 다음 단계를 계획하면서 지속적으로 발전해나간다.

 자기 발견 점수를 매기는 일반적인 평가 체계에서 쉽게 간과하는 발전과 성취가 새로이 드러난다. 학생들은 단순히 무언가를 '잘한다'거나 '못한다'고 이야기하기보다는 한층 다양한 방법으로 스스로를 표현하는 법을 배운다.

주의할 점 작품집과 전시회는 학생과 교사 모두에게 상당한 에너지와 자원을 쏟아부어야 하는 수고스럽고 복잡한 활동이 될 수도 있다. 학생들은 이런 활동의 가치를 느끼지 못해서 무심한 태도로 임하기도 한다. 한편 교사들은 작품집을 정규 수업과 연계할 방법과 그런 막대한 분량의 작품들을 평가할 방법을 생각해내느라 애를 먹기도 한다. 교사들은 학생들이 의견을 거의 내지 않아서 학생이 다음 단계로 넘어갈 수 있을지 명확히 결정하기가 어렵다는 걸 깨닫고 실망할지도 모른다. 부모들은 자녀가 학습 목표를 제대로 달성하고 있는지, 자기 아이가 한 단계 발전하는 데 도움을 주려면 정확히 어떻게 지도해야 할지 몰라서 애를 먹기도 한다. 작품 모음과 목표, 역량 사이에 긴밀한 조정이 없으면 부모들은 청자의 역할로 밀려난다.

작품집과 전시회를 효과적으로 활용하려면

일관성이 가장 중요하다 학생들의 작품을 모으는 것은 장기간에 걸쳐서 성장하는 모습을 확인한다는 더 큰 목표를 이루기 위한 일부분에 불과하다. 과제물들을 모으고, 신중히 고려하고, 행동하는 순환적인 활동은 학생과 교사 모두에게 의미 있는 통합 교육과정이어야 한다. 예를 들어 유치원 학생들은 일주일 동안 활동했던 활동지나 작품들을 피자 박스에 모으고(쌓아서 보관하기가 편함), 매주 금요일이 되면 각자 모은 작품들을 찬찬히 살펴보면서 내·외적인 기준을 토대로 자신 있는 것만 골라낸다.

성취하는 과정에서 얻는 작은 성과들을 기쁘게 받아들여라 이런 부류의 성과는 점수와는 관련 없이 실행 도중에 생기기 때문에 사람들이 그 가치를 잘 인식하지 못하고 넘어가는 경우가 많다. 각자의 분야를 개척한 뛰어난 인물들이 다음과 같은 격언을 남겼듯이 성취의 기본은 끈기이며, 목표를 세우고 그 목표를 수정해 나가면서 성장한다.

- "천재는 1퍼센트의 영감과 99퍼센트의 노력으로 만들어진다. 결과적으로 천재는 그저 자기 숙제를 다 해낸 재능 있는 사람인 것이다." - 토머스 에디슨
- "나는 프로농구 무대에서 뛰는 동안 9천 번 이상 슛을 성공시키지 못했다. 그리고 거의 300경기 가까이 패했다. 승패를 좌우하는 결승골의 기회였지만 득점에 실패했던 적도 26회나 있었다. 살면서 실패하고, 실패하고, 또 실패했다. 그런데 내가 성공할 수 있었던 건 바로 끈기 덕분이었다." - 마이클 조던
- "반복적으로 하는 행동이 우리 자신을 만든다. 탁월함은 우발적인 결과가 아닌 습관의 결과다." - 아리스토텔레스
- "과학에서 새로운 발견을 알리는 가장 흥겨운 표현은 '유레카(발견했어)!'가 아니라 '그거 재미있는데…'이다. - 아이작 아시모프
- "불가능에 도전하는 건 꽤나 재미있는 일이다." - 월트 디즈니

세세히 분석하는 사고방식을 피하라 보통은 회의, 전시회, 프레젠테이션을 마친 뒤에 학생들이 그 과정에서 각자 배우고 느낀 점을 나누는 시간이 있다. 그런 자리에 우리도 참석할 기회가 있었는데 한번은 학생들이 이런 의견을 내는 것이다. "알고 보니 저한테는 하기 싫은 일을 자꾸 뒤로 미루는 고약한 습관이 있더라고요." "프로젝트를

도와줄 사람을 찾기가 너무 힘들었어요." 과정을 돌아보며 각자의 의견을 나누는 이런 시간은 평생 바뀌지 않는 성향을 찾아내는 자리가 아닌 변화와 성장이 거듭되는 여정에서 자기를 발견해가는 지속적인 경험으로 받아들여야 한다. 시간이나 인적 네트워크를 효과적으로 활용하는 방법은 교사들이 가르칠 수 있는(학생들도 습득할 수 있는) 기술이다.

4장을 마치며

객관식 시험이 아니라도 배우고 익힌 내용을 증명할 방법은 아주 많다. 어떤 학생이 객관식 시험에서 답을 맞혔다면 그에 해당하는 사실을 알고 있음을 증명할지는 모르겠지만 그 학생이 종합하고, 분석하고, 창조하면서 아는 내용을 더 깊이 발전시켰을 때 무엇을 할 수 있는지를 파악하는 데는 도움이 안 된다.

학생들이 탐구 프로젝트를 기획할 기회가 생겨서 새로운 아이디어를 탐색할 때 우리 교사들은 완전히 다른 방식으로 평가한다. 학생들이 직접 기획해서 수행하는 과제에서는 학생들의 마음이 어떻게 작용하는지, 교사가 구체적으로 지시를 하지 않을 때 학생들이 어떻게 행동하는지가 드러난다. 따라서 그런 유형의 과제들은 우리 학생들이 대학 입시나 취업을 준비하면서 무엇을 준비했는지를 보여준다.

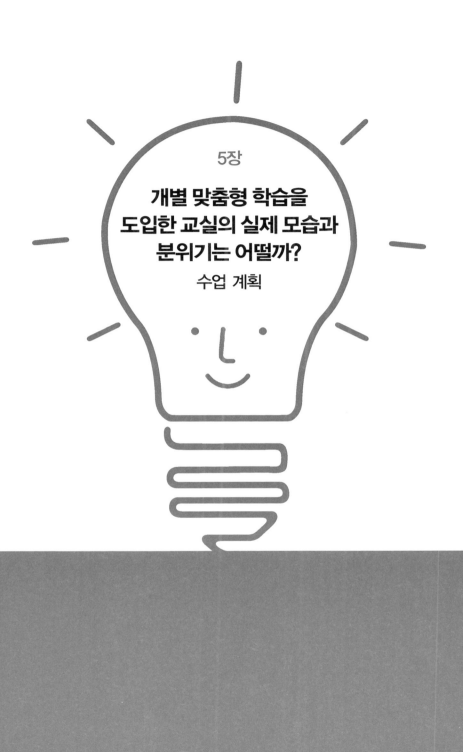

5장

**개별 맞춤형 학습을
도입한 교실의 실제 모습과
분위기는 어떨까?**

수업 계획

개별 맞춤형 학습은

산만하거나 무질서한 수업 방식처럼 보일 수도 있지만

실제로는 정교한 수업 계획에 따라 움직인다.

개별 맞춤형 학습을 도입한 교실의 일상적인 모습이 어떤지 궁금해 하는 교사들이 많기 때문에 우리는 개별 맞춤형 학습을 1년 이상 시범적으로 도입했던 노스캐롤라이나 샬럿-메클런버그 공립학교의 교사들에게 질문해보았다. 교사들의 답변을 몇 가지 소개하면 다음과 같다.

- "개별 맞춤형 학습을 하면 교사와 학생의 웃는 얼굴이 떠오릅니다. 모두가 관심과 열정을 가지고 가르치고 배우기 때문이지요. 질문, 수업 시간의 소음(학생들이 공동 작업을 하는 소리), 인터뷰, 프레젠테이션이 아주 많습니다." - 초등학교 교장
- "바깥에서 볼 때는 다소 어수선해 보입니다. 모두들 다른 활동에 몰두해 있거든요. 가끔은 시끄러운 소리도 나고 여기저기서 움직이기도 합니다. 하지만 학생들은 모두들 관련이 있는 일을 하고, 학습 활동과 관계된 이야기를 나눕니다." - 고등학교 교사

- "개별 맞춤형 학습 환경에서는 학생들이 자기에게 맞는 속도로 활동을 진행하고, 각자의 필요에 따라 과제를 완성하고, 필요할 때는 소규모 그룹 지도를 받으면서 다양한 활동을 동시다발적으로 진행합니다. 학생 주도로 진행하는 토론, 협동 학습, 특정한 목표를 위해 조직한 독서 모임, 리더십 세미나, 프로젝트, 직접적인 교수활동 등이 포함됩니다." - 7학년 교사

- "저에게 개별 맞춤형 학습은 학생이 중심에 서는 수업입니다. 그래서 학생들에게 더 많은 주도권을 줍니다. 저는 앞에 서서 가르치는 사람이 아닌 학습을 돕는 조력자가 되는 거죠. 학생들은 자유롭게 이런저런 시도를 해보면서 다양한 방식에 능숙해집니다. 또한 특정 주제에 대해서 많은 시간을 할애할 수도 있습니다. 제에게 딱 맞는 수업 방식입니다." - 유치원 교사

- "개별 맞춤형 학습이 진행되는 교실은 생동감이 넘치고 유연합니다. 학생들의 움직임과 재잘거림이 의미 있고 생산적이죠. 확실히 많은 말들이 오가는데 이런 대화가 서로 협력하고, 돕고, 배우는 활동에 기여합니다. 더 이상 교사 혼자서 일방적으로 수업을 이끌거나 학생들 전체가 한 가지 학습 방식을 따르는 교실이 아닙니다. 수업에 융통성이 있고, 학생들은 학습에 가장 도움이 되는 방향을 찾아 알아서 움직이죠. 교실은 배우고자 하는 의욕과 열기로 충만합니다. 각자 자기 수준에 맞는 도전 과제를 완수하기 때문에 교실에는 활력이 넘칠 수밖에요." - 교내 행정 직원

- "학생들은 각자의 과제를 진행하면서 더 깊이 생각하고 훨씬 독

립적인 태도로 임합니다. 각자 무슨 활동을 하는지, 학습에 어떤 도움이 되는지를 설명할 수 있죠. 협력적이며 과제를 완수하고자 하는 의욕도 강합니다. 또 각자의 목표를 달성하기 위해 적극적이고 열심히 노력하는 것 자체를 즐깁니다." – 1학년 교사

- "개별 맞춤형 학습을 통해서 좋은 가르침이란 정해진 학습 목표들을 가르치는 게 아니라 학생들이 주도적으로 각자 학습할 방법을 스스로 계획해가는 것임을 깨달았습니다. 계획은 학습 목표를 기초로 시작하지만 최종 결과가 반드시 그 목표에 국한되는 건 아닙니다. 결과는 학생이 무엇을 원하는지, 어떤 것을 탐구했는지에 따라 바뀔 수 있습니다." – 4학년 교사

이번 장에서는 개별 맞춤형 학습을 실제로 적용하는 데 초점을 맞춰서 수업 전개 순서와 속도, 학생들의 상호작용 방식 등을 알아볼 것이다. 샬럿-메클런버그 교사들이 이야기하듯 동시다발적으로 진행되는 수많은 활동을 어떻게 균형 있게 이끌어 가느냐가 관건이다. 개별 맞춤형 학습에서는 무엇보다도 사고의 유연성, 공동 작업, 창의성이 많이 필요하다. 학생들에게 적극적으로 다가가고, 계획 단계에 학생들을 참여시켜서 무엇에 흥미를 느끼고 어떤 점에 어려움을 느끼는지 또는 배웠다는 증거를 어떤 식으로 제시하고 싶은지 들어보겠다는 의지가 교사들에게 있다면 모든 학생을 똑같은 방식으로 가르치는 전통적인 교수법은 이제 설 자리가 없다.

교육자 마이클 피셔Michael Fisher가 다음과 같이 주장했듯이 말이

다(2015). "이제는 교수법을 현대화해야 할 때가 되었다. 기존의 교육 방식에 대한 동경은 더 이상 통하지 않는다."

수업 계획 : 개별화 수업을 구조화하는 과정

핵심 요소	학생과 교사의 역할	연관된 마음습관
수업 계획 학습 계획은 어떤 식으로 세우는가?	· 학생과 교사는 수업 계획을 만들기 위해 협력한다. 학생의 흥미와 필요에 따라 전개 순서, 속도, 내용을 고려한다. · 학생과 교사는 과정을 평가해서 지속적으로 계획을 수정하거나 발전시킨다.	· 질문하고 문제 제기하기 · 창조하기, 상상하기, 혁신하기 · 충동성을 조절하기 · 자기 생각에 대해 생각하기 · 끈질기게 매달리기

개별 맞춤형 학습은 교사 한 명이 가치 있는 일이라고 판단하고 헌신한다고 해서 실현되지 않는다. 교사와 학생 모두가 상당한 준비와 노력을 기울여야 가능하다. 잘 모르는 사람의 눈에는 개별 맞춤형 학습이 산만하거나 심지어 무질서한 수업 방식처럼 보일 수도 있지만 실제로는 정교한 수업 계획에 따라 움직인다. 그 수업 계획은 다음과 같은 점을 고려해서 구성한다.

- 각 학생을 온전한 인격체로 보고 학생의 심리사회적 발달을 반영한다.
- 교실을 자기 주도적이고, 학습자가 중심인 환경으로 바꾼다.
- 혁신과 새로운 아이디어를 지속적으로 수용하면서도 어느 정도

의 테두리는 정해둔다.

- 학생들에게 이번에 배운 내용이 다음 학습에 어떤 영향을 끼칠지 깊이 생각해보게 한다.

그렇다면 이런 수업 계획을 어떻게 설계하고 시행하는지, 수업을 성공적으로 이행하는 데 필요한 마음습관은 무엇인지 알아보자.

학생의 심리사회적 발달에 부응하기

관련 연구에 따르면 어떤 수업 모델을 사용했는지에 관계없이 학생의 성취에 긍정적인 영향을 주는 사회심리적 특성이 네 가지 있다 (Farrington et al., 2012). 우리는 개별 맞춤형 학습이라는 까다로운 수업 방식에 학생들이 적극적으로 참여하게 하려면 그 네 가지 특성이 그저 유익한 정도가 아니라 없어서는 안 될 필수 요소라고 본다.

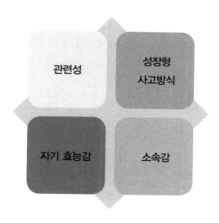

관련성 : "이 활동은 나에게 가치가 있다."

활동은 학생 각자가 이해한 것을 복잡하고 흥미로운 문제에 적용해야 한다. 학생들은 본인 스스로나 다른 사람들에게 영향을 끼칠 수 있다고 믿는 아이디어나 조사에 몰두한다. 교사는 학생들이 실제적인 문제, 도전, 아이디어를 다룰 수 있도록 전문가나 동료 교사들과 연계한다. 또 해당 분야에서 실제 통용되는 기준이나 전문가들에게 요구하는 수준을 활용하고, 해당 활동과 관련이 있는 사람들을 청중으로 초대해서 학생들이 준비한 내용을 발표하고 발전에 도움이 되는 피드백을 얻을 수 있도록 한다. 이러한 활동에는 '지속적인 배움에 열린 태도를 갖기, 질문하고 문제 제기하기, 과거의 지식을 새로운 상황에 적용하기'라는 마음습관이 필요하다.

성장형 사고방식 : "능력과 자신감은 노력과 함께 성장한다."

캐롤 드웩Carol Dweck이 저서(2006)를 통해 널리 언급해온 성장형 사고방식은 '누구든 배울 수 있고, 더 나아질 수 있다'는 믿음을 기반으로 한다. 이런 사고방식을 가진 학생들은 원하는 목표를 쉽게 이룰 수 있는 상황이든 그렇지 않든 관계없이 자신이 발전할 수 있다는 신념을 끝까지 붙든다. 그리고 교사들은 학생들이 더 활발하게 사고하고 발전할 수 있도록 솔직하고 건설적인 피드백을 제공한다.

그리니치Greenwich 고등학교 혁신 연구소에서 인문학을 담당하는 교사 코트니 호스Courtney Hawes는 사고방식과 관련해서 다음과 같이 설명했다(2016).

어떤 학생이 자기가 쓴 글의 초고를 다른 사람들에게 보여주거나 아직은 확정하지 않아서 변경할 여지가 많은 프로젝트를 다른 사람에게 설명할 때, 그 학생은 위험부담은 있지만 그만한 대가로 기대할 수 있는 자기 발전의 기회를 수용하는 셈이다. 건설적인 비판이 오갈 때 평가를 받는 사람은 대개 자신의 약점을 인식한 상태에서 출발한다. 이런 경우 새로운 정보를 받아들이기가 힘들고, 변화하기는 더 어렵다. 그러나 건설적인 비판이 실제로는 강점을 키우는 활동이며 교사가 학생을 진심으로 아끼는 마음으로 조언하는 차원에서 접근한다면, 두려움이나 공격성 같은 부정적인 반응을 줄이면서 새로운 것을 배우는 통합의 과정으로 이끌 수 있다.

자기가 작업한 결과물을 남에게 보여주고 상대의 조언을 열린 마음으로 받아들이는 데는 큰 용기가 필요하다. 그러려면 학습자는 '위험부담이 있는 모험하기, 지속적인 배움에 열린 태도 갖기, 유연하게 사고하기, 끈기 있게 매달리기'와 같은 마음습관을 사용하고 발전시켜 나가야 한다.

자기 효능감 : "나는 해낼 수 있다."

자기 효능감은 우리가 학습을 어떻게 관리하는지, 다시 말해 학습 진척 상황을 어떻게 계획하고 실행하고 관찰하는지와 관련이 있다. 학생들은 도구를 사용해서 시간과 자원을 관리하고, 다른 사람들과 함께 진행한다. 그리고 직접 학습 계획을 세우고 진척 상황을 모니

터링하며, 목표 달성에 얼마만큼 가까워졌는지를 살핀다. 교사는 체계적인 관리와 시간 관리에 활용할 전략과 도구를 제공하고, 학생들이 목표를 달성할 수 있도록 격려하며, 목표를 성취하는 과정에서 무엇을 배웠는지 돌아볼 수 있게 지도한다. 또 정보를 분류하고 관리하는 데 쓰는 도구(에버노트Evernote, 라이브 바인더Live Binders), 프로젝트 관리 도구(트렐로Trello, 메타키테스 벤자민Metakite's Benjamin), 시각적인 도식화 도구(아이디어먼트Ideament, 토탈리콜Total Recall), 공동 작업에 필요한 도구(줌Zoom, 스카이프, 구글 행아웃, 에드모도Edmodo), 학습자 관리 도구(스쿨로지Schoology, 블룸보드BloomBoard, 에피파니Epiphany) 등을 찾아서 알려준다. 학생들은 이런 도구를 활용하여 주어진 프로젝트를 진행하고 '충동성 조절하기, 자기 생각에 대해 생각하기, 정확성 기하기, 정확하고 명료하게 생각하고 대화하기'와 같은 마음습관을 키우는 데 어떤 도움이 되었는지 돌아본다.

소속감 : "나는 이 교육 공동체의 일원이다."

이 속성은 개별 구성원들이 어떻게 공동체에 어우러지고, 공동체는 구성원들의 각기 다른 점들을 어떻게 인정하고 받아들이는지에 대한 것이다. 학생들은 다른 사람의 의견을 듣고 상호작용 하는 데에서 가치를 찾는다. 교사들은 협력 학습의 동반자 관계를 기본으로 안전하고 서로 존중하는 분위기를 조성하고, 그런 환경이 유지되도록 힘쓴다. 많은 교사들이 학생들과 함께 학급의 주요 규정을 만든다. 행동에 대한 기본 규칙, 관련 당사자의 입장을 모두 고려해 피해를 바로잡는 데 중점을 두는 회복적 사법의 규정, 학생들이 중요한 사회성 기술을 키워 나가는 과정에서 서로에게 피드백을 줄 수 있는 방법 등을 결정한다. 또 학생과 교사 모두 '상호협력적으로 사고하기, 이해하고 공감하는 마음으로 듣기, 경탄하는 마음으로 받아들이기'의 마음습관을 실천한다.

자기주도 학습에 중점을 두기

교실 수업에서 학생들에게 필요한 독립성이라는 역량을 중요하게 다루는 경우는 드물다. 물론 그런 역량도 장기적으로 성취해야 할 목표에 해당하지만(3장을 참조하라), 그런 역량을 키우는 데 수업의 초점을 맞추지는 않는다. 흥미롭게도 유치원 수업에서는 학생들의 독립심을 키우는 데 중점을 두는 경우가 흔하다. 예를 들어 만 5세 교실에서 아이들은 일종의 번호판을 칠판에 붙여서 자기가 어떤 학습 영역을 먼저 할 것인지 표시하고, 수준에 맞게 준비된 책 중에서 읽고 싶은 책을 고르고, 놀이 활동이 끝난 뒤에 자리를 정돈하는 것처럼 말이다. 반면 그보다 학년이 높은 학생들은 이번 수업 시간에 무엇을 배우는지, 어떤 책을 읽어야 하는지, 어떤 과제를 해야 하는지 지시받기를 기다리고 교실 칠판에 적힌 대로 따르는 경우가 흔하다. 학년이 올라가고 커리큘럼이 복잡해질수록 학생들은 더 의존적이 되어 교사의 지시를 따르는 데 익숙해진다.

수업을 한층 개별화한 방식으로 바꾸어 나가려면 교사들은 빽빽

이 짜인 일정과 규칙에 따라 움직이는 태도에서 조금씩 벗어나 보다 자기주도적인 학급 분위기를 조성해야 한다. 교사들은 자기주도의 중요성을 인식하면서도 자기주도 학습을 발달시키는 데에는 대개 큰 관심을 기울이지 않는다. 학생들에게 자기주도 학습 능력이 부족하다는 것을 느끼고 안타깝게 여기면서도 말이다. 하지만 이제는 학생들이 여러 선택 가능한 조건과 가능성을 인식하고, 각자의 관심 분야를 찾고 주도적으로 탐구해나갈 방법을 모색하도록 도와주는 역할에 주력해야 한다. 또한 학생들이 어려운 도전을 통해서 길을 찾아갈 수 있는 기회를 줘서 독립심을 키울 수 있게 도와야 한다.

'생각하는 법'에 대한 지식을 차츰 넓히고, 생각하기 전략과 마음 습관을 훈련하면 학생들의 학습 동기가 높아지고 배움의 과정을 스스로 더 잘 관리할 수 있게 된다. 학생들은 다음과 같은 과정을 통해 자기주도적 성향을 키울 수 있다.

● **자기 관리** 충동성을 조절하고 시간과 자원을 더 전략적으로 분배해서 섣부르게 결론을 내리지 않도록 한다. 또 '자기 생각에 대해 생각하는' 법을 안다. 과제를 평가할 때 어떤 지표가 사용되는지를 예측하고 유연하게 사고하는 법을 알기 때문에 그동안 배우고 익힌 지식과 기술을 발표할 방식을 여러모로 고려한다.

● **자기 관찰** 생각이나 추진 과정에 오류가 생겼다는 징후(예를 들면 과제를 함께 진행하는 그룹에서 의사소통이 원활하지 못한데도 원활하다고 여기거나, 피드백이 필요한 상황인데도 다른 사람들에게 피드백을 요청하지 않는 등)가 있을 때 곧

바로 알아채고, 그런 징후가 실행 계획에 어떤 영향을 끼칠지 인식할 수 있도록 '자기 생각에 대해 생각하는' 전략을 세운다.

● 자기 수정 비판적이고 건설적인 피드백을 기초로 지금 하고 있는 과제를 주기적으로 돌아보고, 평가하고, 분석하는 습관을 들인다. 그러면서 학생들은 정확성을 기하고, 지속적인 자기 평가를 통해 과제를 수정하고, 과거의 지식을 새로운 과제와 문제에 적용해 나간다.

자기주도의 시작은 명확한 학습 목표를 세우는 것임을 학생들에게 반드시 인식시켜야 한다. 실제로 교육 현장에서 자기주도 학습이 펼쳐지는 모습은 구체적으로 어떠할까? 중학교 교사로 일했으며, 현재는 위스콘신 케틀 모레인 익스플로어 학교 교장인 로라 담은 이렇게 말했다.

지금 이 순간에 저희 학교 교실에 가면 아이들이 바닥, 소파, 테이블 할 것 없이 사방에 흩어져 있는 걸 보게 될 거예요. "세상에! 완전 엉망진창이구만. 다들 제멋대로 하고 있네. 모두들 각자 다른 활동을 하고 있어!"라고 느끼실지 모르겠습니다. 하지만 저라면 그런 교실을 보고 "이게 바로 내가 원하던 모습이야!"라고 생각할 겁니다.

위스콘신 피워키 고등학교 영어 교사인 난 커티스는 이렇게 덧붙인다. "학생들이 점점 더 책임을 질 수 있도록 교사들이 움켜쥐고 있던 고삐를 풀어주는 것이죠."

그렇다고 개별 맞춤형 학습 환경에 학생들을 무작정 끌어다놓고 자기주도적으로 잘 해나가기를 기대하는 것은 학생이나 교사 모두에게 끔찍한 경험이 될 것이다. 그러니 이런 변화를 어떻게 잘 이행해나가야 할지 더 자세히 알아봐야 한다.

경계와 혁신에 중점을 두기

1960년대에는 토론과 개인 활동을 중심으로 하는 열린 교실(open classroom)이 인기를 끌었다. 열린 교실은 '무엇이든 허용하는' 교육 방식이라고 종종 해석되기도 했다. 그런 접근이라면 선택의 자유와 창의적인 사고를 허용하는 교실을 어떻게 조성할 것인가가 관건이었다. 교사들은 고심 끝에 자유를 허용하려면 기본적인 토대가 필요하다는 것을 깨달았다. 즉 학생들이 보다 독립적이고 자기주도적 학습자로 거듭나려면 교실 체계가 잘 갖춰져야 했다.

이 같은 문제는 지금까지도 교사들이 해결해야 할 숙제로 남아 있다. 특히 교육과 성적에 대한 외적인 책임 때문에 '꿈에 그리는' 교실을 만들겠다는 의지를 어느 정도 내려놓을 수밖에 없는 상황에서는 더더욱 그렇다. 교사들은 해당 지역이나 학군에서 정한 요건을 따르면서도 동시에 학생의 요구와 필요에 대응하면서 균형을 맞춰야 한다.

표 5-1은 콜로라도 더글라스 카운티의 록스보로Roxborough 중학교 3학년 교사인 제시카 크레이그가 경험했던 개별 맞춤형 학습 여정

표 5-1 어느 교사의 개별 맞춤형 수업 여정

단계별 변화 과정

1단계 : 과거 상황	2단계 : 현재 상황	꿈꾸는 상황
일부 시간에만 개별화 수업 · 지정된 책상의 위치를 기준으로 학생들이 앉을 자리를 어느 정도는 융통성 있게 정한다. · 읽기와 쓰기 시간에 학생들이 일정과 활동을 정한다. · 학급 전체적으로 교과 단원을 백워드 방식으로 설계한다. · 개인적인 관심 분야를 탐구할 시간은 거의 없다. · 모둠은 각 학생의 능력을 기준으로 미리 정한다. · 학급 전체적으로 지난 활동을 돌아보고 공유하는 시간을 짧게 갖는다.	**모든 시간에 개별화 수업** · 지정된 자리를 만들지 않고 학생들이 자유롭게 앉을 자리를 정한다. · 가능한 한 학생들이 일정 계획을 정한다. · 학급 전체가 모여 계획한 백워드 설계의 범위에서 개별화된 방식을 적용한다.(예 : 조사 활동 일지) · 읽기와 쓰기 시간에 창의적 탐구 활동을 접목한다. 개별적으로 지난 활동을 돌아보고 의견을 내는 시간을 갖는다. · 학생들이 교실 환경과 일정표를 재설계한다.	**더 나아가 지역사회 구성원이나 기업체와 연계하기** · 학생들이 사회에서 활동하는 전문가들과 관계를 맺는다. · 학생들이 실제 사회에서 벌어지는 문제를 찾아 해결한다. **학생들이 실험연구소를 만들기** · 또는 필요한 분야를 다루는 공간을 교내에 만든다. **종일 통합적 내용의 교과를 다룸** · 학생이 자발적으로 정한 요구나 관심사를 토대로 교과 영역이나 모둠을 바꾸지는 않는다.
개별 맞춤형 학습이나 독립적 학습을 하는 동안 학생들에게 책임이 거의 없음 결과물에 중점을 둠(예 : 정해진 분량의 활동이나 워크북을 다 끝내야 쉬는 시간을 줌)	**개별 맞춤형 학습 시간에 실질적인 효력이 있는 책임제를 운영** 과정에 중점을 둠(예 : 학생의 개인적인 의견, 자체 평가)	**학생 주도의 책임제와 자기 관리** 학생들이 각자 데이터를 추적해서 교육과 학습 기회를 만들어 나감
교사가 계획해서 가끔 통합 교과로 이루어지는 주제별 수업 진행 학급 전체가 참여하는 짧은 수업 → 독립적인 활동 → 장소	**학생이 계획하고 한층 통합된 주제별 수업 진행** 진단 평가를 통해 결정된 짧은 수업 → 독립적인 활동 또는 학생들의 즉각적인 자기 평가를 통해 결정한 재교육과 지도 활동 → 개별 맞춤형 학습 활동, 일정	**학생이 계획한 한층 통합된 주제별 수업을 진행, 그리고 학생이 주도하여 지역 사회에 영향을 미치는 현실적인 탐구 프로젝트를 진행**
교사 → 학부모로의 소통 교사가 매주 전자 문서로 학급 뉴스레터를 제작	**학생 → 부모로의 소통** 학생들이 블로그를 만들어서 운영하거나 전자 뉴스레터에 글을 게재	**학생이 운영하는 학급 소셜미디어** 학생들이 만든 과제나 작품을 중점적으로 소개하고 프로젝트 관계자들의 정보를 업데이트하는 데 활용

사회과 수업 '순환식' 진행	거꾸로 교실* 수업 내용과 시간을 보다 현실적인 프로젝트나 과제로 구성하기 위해 구글 교실(Google Classroom)활용	거꾸로 교실 학생이 주도하여 지역 사회에 영향력을 끼치는 현실적인 탐구 프로젝트를 진행
* 거꾸로 교실 : 온라인으로 선행학습 뒤 오프라인 수업에서 토론식 강의를 진행하는 역진행 수업방식		
학생이 제작하는 포트폴리오가 없음	학생이 만든 전자 포트폴리오	학생이 만들고 관리하는 전자 포트폴리오 기록을 수집하고 얼마나 성장했는지를 증명하는 데 사용
지역 사회가 학습에 참여하는 사례가 없음	지역 사회 프로젝트 지역 사회의 요구를 반영해서 학교 부지에 인가받은 야생 동식물 서식지 만들기	더 많은 지역 사회 프로젝트 학생이 주도하는 현장 학습과 현장 학습을 위한 전용 공간 포함

완료 단계

· 주위의 의견과 조언을 구한다.
· 첫 몇 주 동안은 새로운(또는 새로 개정된) 결정 사항을 전략적으로 도입하는 기간으로 삼는다.
 − 지정 좌석이 없음
 − 학생 포트폴리오
 − 각 학생에 맞게 개별화된 일정
 − 학급 블로그(학생들이 작성)
 − 오전, 오후에 정해진 시간에 지난 활동을 돌아보고 일지를 씀
 − 탐구 단원과 관련한 탐구 활동지, 거꾸로 교실 학습
 − 공학 설계 과정에 대해 가르치기(공학자를 초빙하기)
 − 생각을 자극할 환경을 설계하기(교실의 물리적 환경과 교과 시간표를 재설계하는 것도 포함)
 − 학급의 목표에 각자의 관점을 반영하고 교실에 다음과 같은 글을 게시하기 "우리에게는 서로 공감하고 배움에 열정을 더하는 학습 환경, 융통성 있고 개별화된 학습 환경이 필요하다."
 − 학생들의 과학 기술 접근성을 높이기(보조금 신청)
 − 학급 블로그, 웹사이트
 − 읽기와 쓰기, 탐구 프로젝트를 위해 학생들이 구성한 개별화된 학습 계획

다음 단계

 − 학급 인스타그램 계정 만들기
 − 학생들이 정한 SMART 목표를 계속해서 이행해 나가기
 − 학부모 방문의 날을 계획하기(세부적인 결정, 계획, 운영을 학생들이 함)
 − 관심사가 같은 사람들끼리 모인 소규모 그룹을 활용하기
 − 지난 학습에 대한 학생들의 의견, 자기 평가, 책임 체계를 더 정교하게 다듬기
 − 학생들이 주도하는 야생 동식물 서식지 프로젝트를 지속해 나가고, 다른 학급이나 다른 학년 학생들도 참여할 수 있게 하기

출처 : 제시카 크레이그

을 정리한 것이다. 이 여정은 학생별 맞춤 학습을 통상적인 커리큘럼을 보충하는 단편적인 활동에 그치는 것이 아니라 수업의 '뉴 노멀new normal(시대 변화에 따라 새롭게 변화하는 표준)'로 만들겠다는 목표에서 출발한 점진적이며 단계적인 변화였음을 보여준다. 제시카 크레이그는 현재 개별 맞춤형 학습을 상시 운영하면서, 최종 목표인 '꿈에 그리는' 교실을 머릿속에 그린다. 표 5-1의 뒷부분에는 이 학급이 개별 맞춤형 학습의 현 단계에 이르기까지 해왔던 과정과 앞으로 이행할 단계가 조금 더 구체적으로 정리되어 있다.

제시카 크레이그가 '현재 상황'으로 묘사한 내용을 보면, 학생들의 요구에 적극적으로 부응하는 분위기는 물론이고 학습할 내용과 방법, 학습 여부를 확인할 방법을 학생들이 책임 있게 결정해 나갈 수 있는 환경을 갖추고 있음을 확인할 수 있다. 교사는 필수적으로 배워야 할 내용과 다양하게 경험해볼 기회 사이의 균형을 맞추고, 학생들은 커리큘럼을 함께 만드는 공동 창조자가 된다. '완료 단계'와 '다음 단계'에서 나열한 구체적인 항목을 살펴보면 이 학급이 지금껏 어떤 과정을 밟으며 개별 맞춤형 수업을 진행해왔고 앞으로 어떤 흥미로운 여정을 펼쳐 나갈지 짐작할 수 있다.

사례에서와 같은 '꿈꾸는 상황'의 단계에서 교사들은 학생들이 직접 계획하고 실행하는 과정을 지원해야 한다. 그와 관련해서 표 5-2에 나오는 기본 양식을 살펴보자. 이 양식에 따라서 계획서를 작성하려면 목표를 정확히 알아야 하는 건 물론이고, 과제를 선정할 때 기본적인 틀을 어느 정도로 정해야 선택의 자유가 허용되는 범위를 학생들이 쉽게 인식할 것인지도 고려해야 한다.

표 5-2 교사가 주도하는 계획 양식

희망하는 결과	평가 근거	수업 계획
목표 학생들이 다루어야 할 내용, 절차, 성향은 무엇인가?	**과제 수행 / 결과물** · 예시로 어떤 활동을 함께 해볼 것인가? · 학생들이 창의력을 발휘하도록 어떻게 유도할 것인가? · 가이드라인을 어떻게 명확히 정할 것인가? · 이 과제의 점수를 어떻게 매길 것인가?	**핵심 질문** · 어떤 폭넓은 질문을 해야 개별적인 탐구 활동을 하나로 통합할 수 있을 것인가? · 조사 방법의 본보기를 어떻게 제시할 것인가? **학습 목표** · 어떤 단기적인 기대치를 적용해야 '학생들이 과제를 통해 알아야 하고, 할 수 있어야 하는 것'에 집중하게 유도할 수 있을 것인가?
기준 이런 목표에 부합하는 기준은 무엇인가?	**추가 평가** · 내용 이해도와 숙련도를 어떻게 평가할 것인가? · 성장에 도움이 되는 피드백을 어떤 식으로 전달할 것인가?	**디지털 자료, 자원, 추천 절차** · 어떤 웹사이트, 소프트웨어 플랫폼, 그 밖의 자료들을 학생들에게 제공할까? · 학급 전체에 어떤 자료의 내용을 가르쳐야 할까? · 교사의 지도하에 진행되는 워크숍에서 학생의 선택이나 필요성을 고려해서 어떤 주제들을 제기할 것인가?

학생들이 사용할 수 있는 양식의 예는 표 5-3에 있다. 학생들은 과제의 특성과 마음습관을 짝지은 양식을 이용해서 프로젝트 계획안을 교사와 상의할 준비를 한다. 교사들도 동일한 양식을 활용해서 학생들이 시간을 어떻게 관리할지, 프로젝트 파트너는 어떻게 정할지, 필요한 자료가 무엇인지를 정하는 데 도움을 줄 수 있다. 학생들은 프로젝트를 전개하면서 중간 중간에 계획을 수정하고 변동 사항

은 기록으로 남겨 두어야 한다(그래서 어떤 교사들은 과제 보고 일지에 그런 변동 사항을 기록해 두도록 학생들에게 지시한다). 프로젝트 계획에서 변동된 부분을 분석하는 과정을 통해 학생들은 프로젝트 계획은 모두 정확한 것이 아니라 예측이라는 사실을 알게 된다. 그리고 계획에 어떤 힘이 있는지, 계획에 차질이 생기더라도 담담하게 받아들이는 자세가 얼마나 중요한지도 깨닫는다. 이 과정에서 학생들은 계획이 수차례 변경되었지만 자신이 포기하지 않고 계속 달려왔으며, 그런 고집스러운 끈기 덕분에 어떤 결과에 이르렀는지를 자주 목격한다.

표 5-3 학생이 주도하는 계획 양식

과제의 특성	가능한 계획과 실행 기회	활용할 마음습관
· 나의 관심 분야, 아이디어, 중심 질문은 무엇인가? · 왜 그것이 중요한가?		· 질문하고 문제 제기하기 · 모든 감각을 동원해서 자료 모으기 · 내 생각에 대해 생각하기
· 실행 가능한 일은 무엇이라고 생각하는가? · 목표 대상(청중)은 누구인가?		· 창조하기, 상상하기, 혁신하기 · 유연하게 사고하기 · 위험 부담이 있는 모험을 하기
· 이 과제를 평가하는 데 어떤 기준을 활용해야 할까?		· 정확하고 명료하게 생각하고 대화하기 · 정확성과 정밀성을 기하기
· 어떤 식으로 작업에 착수할 것인가? · 누구에게 도움을 구할 수 있을까? · 가르침이나 정보가 필요할 때는 어디를 찾아야 할까?		· 과거의 지식을 새로운 상황에 적용하기 · 이해하고 공감하는 마음으로 듣기 · 위험 부담이 있는 모험을 하기

학생과 교사가 공동 창조하는 생물학 프로젝트

고등학교 생물학 교사인 크레이그 가스타우어는 학생들과 프로젝트를 공동으로 추진했던 경험을 우리에게 소개한 적이 있다. 표 5-3에 나온 것과 유사한 질문 전략을 활용했다는 점에 주목하며 그의 설명을 들어보자.

이 프로젝트는 학생들이 주어진 '학습 과제에 착수'하면서 시작됐습니다. 생명에 필요한 고분자(탄수화물, 지방, 단백질, 핵산)에 대해 알아보는 프로젝트였죠. 우선 아이들이 어떤 부분에 주목해야 하는지 파악할 수 있도록 다음과 같은 질문을 던졌습니다.

- 이 내용을 공부하는 이유는 무엇일까?
- 이 내용과 관련해서 어떤 논쟁이 진행되고 있다고 들었지?
- 이 내용과 관련된 세계적인 이슈에는 어떤 것들이 있을까?

두 번째 단계에서, 학생들은 '브레인스토밍을 통해 구체적인 질문을 던지면서' 광범위한 쟁점 속에서 한 가지 구체적인 문제로 관심의 초점을 좁혀갔습니다. 처음에는 탐구 주제를 개별화하는 과정을 힘들게 여기던 아이들이 차츰 다른 사람의 아이디어를 기반으로 해서 제가 나눠주었던 목록을 토대로 질문을 만들어냈습니다. 예를 들면 다음과 같은 질문입니다.

- 나처럼 운동선수로 활동 중인 학생에게는 탄수화물, 지방, 단백질을

다르게 섭취하는 것이 건강과 운동 성적에 도움이 될까, 아니면 나쁜 영향을 미칠까?

- 미국은 비만 인구가 급속히 증가하면서 유행하는 식이요법도 끊임없이 쏟아져 나오고 있다. 일반 대중들은 이 중에서 무엇이 건강에 좋고 나쁜지를 도통 종잡을 수가 없다. 각 연령대별로 어떤 종류의 탄수화물, 지방, 단백질을 섭취해야 건강을 유지할 수 있을까? 이 지식을 기초로 일반적인 영양 식단을 짠다면 연령대에 맞는 식단은 어떤 형태가 될까?

- 잘사는 나라들은 전 세계적으로 굶주리는 사람들이 건강 유지에 필요한 탄수화물, 단백질, 지방의 원천인 농작물을 재배할 수 있도록 어떤 농업 계획을 채택해야 할까?

연구해볼 만한 주제를 끌어내는 데에는 다음과 같은 질문도 도움이 됐습니다.

- 이 광범위한 주제 안에서 과학자들은 어떤 문제들을 연구하고 있을까?
- 이 광범위한 주제에서 어떤 부분을 더 자세히 알아보고 싶니?
- 우리가 속한 지역사회는 광범위한 주제의 어떤 측면에 특히 관심을 가져야 할까?
- 우리가 문제를 해결하거나 긍정적인 영향을 끼칠 수 있는 부분은 이 주제의 어떤 측면일까?

세 번째 단계에서 학생들은 '자료를 정리하고, 자신이 관심을 갖고 있는 주제·문제·아이디어와 관련된 배경지식을 쌓았습니다.' 중요한 건 학생들이 세부 주제를 결정하기 전에 세 번째 단계를 거쳤다는 점입니다. 아이들은 잠재적인 해결책을 선택하기 전에 그 주제에 대한 다양한 관점을 살펴야 했어요. 그 뒤에는 가상의 도구를 활용해서, 문헌 조사 결과를 포함한 관련 자료를 급우들과 공유했습니다. 조사와 자료 분류 활동을 원활히 하기 위해서 제가 학생들에게 제시한 질문은 이런 것들이었습니다.

- 이 문제에 대해서 우리가 이미 알고 있는 것은 무엇일까?
- 이 문제를 제대로 이해하려면 어떤 배경지식이 필요할까?
- 사람들이 지금까지 시도했거나 현재 시도하고 있는 해결 방안에는 어떤 것이 있을까?
- 지금껏 제기되었던 해결 방안 중에 문제를 해결하는 데 도움이 된 것이 있었을까?"
- 제기되었던 해결 방안 중에 실패한 것이 있었을까?

네 번째는 학생들이 '조사해서 정리한 자료를 분석하고 평가해서 자신의 입장을 정리하고 증거를 통해 이를 뒷받침'하는 단계였습니다. 그러려면 정보를 단순히 취하는 것이 아니라 자료를 스스로 평가할 수 있어야 했죠. 학생들은 믿을 만한 출처와 그렇지 않은 출처를 가려내는 법을 익혔습니다. 또 거시적인 측면에서 흐름을 읽고, 각자 배운 내용을 접목해서 새로운 해결책을 냈습니다. 조사한 내용을 분석하고 평가하는 과정에는 다음과 같은 질문들이 도움이 됐습니다.

- 네가 구한 자료에 있는 정보가 믿을 만한지 어떻게 알 수 있을까?
- 네가 탐구 중인 문제에 대한 답이나 해결책을 내는 데 어떤 자료가 도움이 될까?
- 맨 처음에 생각했던 입장과 다르거나 완전히 상반되는 관점을 뒷받침하는 자료는 어떤 것이니?
- 맨 처음에 했던 생각을 바꾼 것은 어떤 자료 때문이었니?
- 다수의 연구를 통해 제시한 결과를 입증해주는 자료는 어떤 것이니?
- 결과를 뒷받침하는 근거의 출처를 언급하지 않은 자료는 어떤 것이니?

마지막으로 학생들은 준비한 '연구 결과를 누구 앞에서, 어떤 방식으로 발표할지'를 정했습니다. 이 과정에서 준비한 내용이 누구에게 가장 필요할지, 어떤 수단을 이용해야 메시지를 가장 효과적으로 전달할 수 있을지를 결정해야 했죠. 특정 청중을 염두에 두는 것은 조사자가 자료를 검토해서 논점을 이끌어내는 방식에 영향을 끼칩니다. 뿐만 아니라 청중에게 더 강력하게 전달되도록 발표할 방법을 구상하는 데에도 영향을 줍니다. 한편 학생들이 다양한 부류의 사람들을 청중으로 초대해서 여러 다른 관점을 가진 사람들과 실질적인 상호작용을 할 수 있도록 북돋워야 합니다. 학생의 주장에 동조하는 의견이든 비판이든 상관없이 청중의 의견은 학생들의 이해의 깊이를 넓히고, 스스로 얼마나 잘 이해하고 있는지를 확인하는 데 도움이 되니까요. 학생들이 프로젝트를 발표할 대상을 결정하고 각자의 생각이나 의견을 제시하는 데 도움이 되는 질문들은 다음과 같습니다.

- 네 의견을 누구에게 전해야 할까? 관련 정보가 충분하지 않은 탓에 신중한 결정을 내리지 못해서, 네가 연구한 내용을 들으면 큰 도움이 될 사람들은 누구일까?
- 청중이 네 의견에 어떤 반박을 할 수 있을까? 어떻게 하면 그 사람들이 자신의 주장을 접고 네 의견을 받아들이게 할 수 있을까?

학생들이 적극적으로 프로젝트를 전개하도록 만들 전략

이 세상에는 모호하고, 골치 아프고, 복잡한 문제들이 잔뜩 쌓여 있다. 그렇다고 그런 막강한 문제들을 여러 작은 단계로 나누고, 아이들이 잘 모를 것 같은 어휘를 찾아내서 규정하고, 연구 과제를 정해서 연구 방향을 끌고 나가는 것이 교사들이 해야 할 일은 아니다. 교사들의 목표는 아이들의 학습을 일일이 지시하고 지도하는 것이 아니다. 오히려 교사들은 학생들이 스스로의 아이디어를 시험하고, 처음의 예측대로 잘 안 됐을 때 대안을 찾고, 모든 감각을 동원해서 자료를 수집해 나가기를 바란다.

교사와 학생이 공동 창조하는 이 단계에서는 교사가 학생들의 과제를 면밀히 살피면서 학생들이 중요하고 의미 있는 주제를 탐구하도록 지도해야 한다는 점이 난관으로 작용할 수 있다. 주제를 발전시킬 수 있는지, 더 깊이 연구할 거리가 있는지를 확인해야 한다. 자신이 무엇을 원하는지, 어느 방향을 목표로 하는지를 즉시 파악하는 아이들도 있지만, 경우에 따라서는 "뭘 하면 좋을지 모르겠어요"라면서 넋 놓고 우두커니 앉아만 있는 학생들도 있다.

첫 번째 경우처럼 아이들이 원하는 바가 뚜렷하다면, 교사의 역할은 아이들이 첫 번째 생각을 유일한 생각이나 최선의 생각으로 단정하지 않고 다양한 아이디어를 탐색하도록 돕는 것이다. 두 번째 경우라면 학생들이 잘 모른다는 두려움을 넘어서서 선택 가능한 다양한 옵션을 고려하도록 도와야 한다. 여기서 선택 가능한 옵션은 교사가 제안하는 것이 아니라 학생들이 찾아내려고 이리저리 고민해보는 문제가 되어야 한다.

'질문하고 문제 제기하기'라는 마음습관은 충분히 가르치고, 본을 보이고, 스스로 성찰할 기회를 줄 경우 시간이 흐르면서 점차 발달하기도 한다. 예를 들어 관찰하고, 생각하고, 궁금히 여기는 일련의 훈련은 학생들이 세심히 관찰하고 주의 깊게 해석할 수 있게 유도한다. 그런 훈련은 다음과 같은 질문으로 탐구의 기반을 다진다.

- **무엇이 보이는가?** 이 질문에 답하기 위해서 학생들은 끈기 있게, 반복적으로 마음속에 떠오르는 이미지를 다시 바라보게 된다.
- **무슨 생각을 하는가?** 관찰, 생각, 의문을 공유하면서 이해하고 공감하는 마음으로 경청한다. 그리고 생각을 바꿀 수 있다는 사실을 깨달으면서 유연하게 사고하고, 다른 사람의 의견에 열린 태도를 보인다.

● **무엇이 궁금한가?** 질문하고, 문제를 제기하고, 알고 싶은 것에 대해 호기심을 갖는다.

문제의 성격, 진행 방법상의 모호성, 더 많은 정보의 필요성 때문에 어쩔 수 없이 나타나는 골치 아픈 문제들이 있는데, 그럴 때 교사들이 나서서 일종의 지침이나 범위를 정해주는 경우도 있다. 자기 생각을 자유로이 탐색할 기회를 절실히 꿈꿔왔던 학생들이라도 그런 어려운 상황에 맞닥뜨리면 누군가가 나서서 가르쳐 주기를 습관적으로 기대한다. 그러므로 교사들은 학생들을 곤경에서 구하겠다는 생각으로 섣불리 개입하지 말고, 지켜보면서 학생들에게 스스로 생각하고 배울 기회를 줘야 한다.

그리니치 고등학교 혁신 연구소의 사례

그리니치Greenwich 고등학교 혁신 연구소에서 STEM(과학, 기술, 공학, 수학) 교사로 있는 다나 슐로서Dana Schlosser는 개별화가 실제 교육 현장에서 어떤 형태로 나타나는지 설명하는 글을 블로그에 남겼다(2015).

개별화된 교육 현장에서는 아이들에게 적절한 질문을 던지고, 더 바람직하게는 적절한 질문을 받는 데 중점을 둔다. 교사인 우리들이 "그 정도는 알고 있어야지!"라고 호통치거나 더 심각하게 "그건 아직 배울 때가 안 됐어"라는 식의 태도로 학생들을 대해서는 안 된다. 교사의 역할은 단순히 어떤 내용을 가르치는 것이 아니라 그 내용을 학생들이 각자 '원하는' 깊이만큼 확실히 파악하도록 도와주는 데 있다. 우리는 혁신 연구소 교사로서 모든 학생들에게 그런 도움을 주고 있다. 학생들은 저마다 조금씩 다른 활동을 전개한다. 실제로 한 프로젝트만 해도 전개 유형이 43가지나 된다.

학생들이 내 전공 지식과 동떨어진 내용을 질문하는 경우가 간혹 있다. 그러면 나는 마음을 단단히 먹고 "함께 풀어 나가보자"고 청한다. 우리는 아이들을 단순히 가르치는 것이 아니라 아이들이 공부하는 '방법'을 익힐 수 있도록 지도하는 것이라는 점에 유념해야 한다. 그런데 벌써 나부터도 과제 해결 방법을 알려주려는 습성이 깊이 배어 있어서, 솔직히 고백하자면 나도 모르게 예전 버릇이 슬금슬금 나올 때가 있다. 그렇더라도 당황하지 말고 표현 방식만 살짝 바꾸면, 학생들이 각자의 활동을 돌아보고 어떤 다른 방식을 적용할 수 있는지 생각해 내도록 만들 수 있다.

끈기 있게 추진하는 법을 배우기

아이들을 대하는 새로운 방식에 익숙해지면서 교사들은 '아이들이 힘들고 불편해 하는 것'을 담담하게 받아들여야 한다는 걸 깨닫는다. 첫 단추부터 잘못 꿰었거나 아이들이 얼굴을 잔뜩 찌푸리고 불안감을 감추지 못하는 상황이 빈번히 발생할 수도 있다. 이럴 때 교사들은 바로 대응하기보다 잠시 기다리며 아이들이 무엇을 할 수 있는지, 아이들이 불명확한 상황에 직면했을 때 어떻게 행동하는지를 지켜봐야 한다.

아이들이 이런 상황을 익숙히 받아들이도록 만들기는 쉽지 않은 일이다. 어쩔 줄 몰라 하는 아이에게 직접적인 조언을 해주기보다는 그 아이가 스스로의 해결 방식을 명확히 말로 표현할 수 있도록 이렇게 질문해본다.

- ＿＿＿라고 말했을 때, 정확히 어떤 의미였니?
- 네 생각을 조금 더 들어보고 싶구나.
- 어떤 생각을 하면서 그런 말을 했던 거니?
- 그런데 정말 그 두 가지밖에 없을까? 그것 말고도 이 문제를 바라 보는 다른 시각이나 올바른 해결책이 또 있지 않을까?

이런 질문들은 모두 '학생들이 어떤 이야기를 하려고 하는가'로 초점을 정확히 돌린다는 사실에 주목하라. 이처럼 대화나 설명을 통해 학생이 자기 생각을 밖으로 표현할 수 있도록 만드는 것이 바로 교사의 역할이다.

시각화한 노트 필기로 생각을 발전시키기

메인주에 있는 마운트 블루Mt. Blue 고등학교 영어 교사인 댄 라이더 Dan Ryder는 시각화한 노트 필기(visual note taking) 기법인 '스케치노트' 를 통해서 학생들의 생각을 명확히 밝혀 나간 경험을 다음과 같이 설명했다.

저는 팀 옆에 털썩 주저앉았습니다. 팀은 노트북 스크린에 열려 있는 빈

문서를 뚫어져라 처다보고 있었어요. 그 아이가 중얼거리듯 말했습니다.

"못 하겠어요."
"얼마나 오랫동안 이렇게 빈 화면을 처다보며 앉아 있었던 거니?"
"글쎄요, 한 십 분 정도요. 저, 이제 어떻게 해요?"
"노트북을 닫아라. 그리고 지금까지 어떤 생각을 했는지 나한테 얘기해
보렴."

팀이 이야기하는 동안 저는 줄이 없는 4×6인치짜리 색인 카드를 꺼내서
그 아이가 하는 이야기를 적었습니다. 낙서 같은 그림과 단어로 그 아이
의 생각을 표현해봤죠. 덕분에 팀은 자기 생각이 눈에 보이는 이미지와
선으로 표현되는 과정을 지켜볼 수 있었어요. 수업 시간에 간단한 속기
방법을 다룬 적이 있기 때문에 그 속기 방법을(예를 들면 아이디어는 전구 그
림으로 표현하기, 핵심 단어나 어구는 테두리를 둘러 음영을 주기, 숫자로 번호를 매겨
서 정리하기, 원과 직선으로 표현한 사람 모형과 이모티콘으로 인간적인 요소를 표현하
기) 사용했습니다. 팀이 설명을 계속 이어가자 제가 적은 카드의 장수도
늘어났습니다. 작성한 카드를 나란히 또는 격자무늬로, 아니면 상황에 맞
게 여러 방식으로 섞어서 배열했습니다.

  팀에게 더 구체적인 설명을 요청하거나, 다른 가능성을 제안하거나, 아
니면 제 나름의 생각을 카드 한두 장에 그려볼 수도 있었지만, 저는 팀의
생각과 견해를 있는 그대로 담아서 그 아이에게 보여주려는 본래 의도에
만 집중했습니다.

팀의 말이 끝난 뒤에 저는 카드를 모두 사진으로 남겼습니다. 팀도 따로 사진을 찍었고요. 그리고 저는 팀에게 작성한 카드에 제목을 붙여보라고 했죠. 그리고 이 카드보다 작은 3×5인치짜리 카드를 주면서 이 프로젝트와 관련해서 생각나는 단어를 모두 적어보라고 했습니다. 팀은 줄 없는 이 카드에 단어를 20개 정도 적어 넣었습니다. 만약에 제가 A4용지를 건넸다면 공간이 너무 넓어서 다 채워 넣을 수 없기 때문에 뭔가 부족한 기분을 느끼고, 여전히 불분명한 상태에서 벗어나지 못했을 겁니다. 하지만 팀에게는 이제 잘 정돈된 카드 목록이 생겼습니다. 저는 팀에게 카드를 서로 잘 섞어서 배치해보고, 서너 단어씩 묶어서 운율을 맞춰보게 했습니다. 다섯 번째 시도에서 그럴듯한 조합이 나왔습니다.

"어, 이거예요. 이게 제목으로 딱 맞네요!"
"좋아. 이 표현을 쓰기로 했다는 걸 기억할 수 있게, 그 단어 하나하나에 방점을 찍어두자."
"점 찍는 것 말고 동그라미를 칠래요."
"그래, 그것도 좋지."

이런 색인 카드는 놀라운 기회를 만들어 내는 작은 기적입니다. 하얀 여백에 생각나는 대로 끼적이고, 목록을 만들고, 전개도를 그리면서 학생들은 막막한 상황에서 벗어날 길을 얼마든지 발견할 수 있거든요. 과제나 숙제를 힘들어 하는 학생들에게 어떤 문제가 있는지 알아볼 때, 일대일 대화가 대단히 중요하다는 사실을 저는 한참 전부터 느껴왔습니다. 그럴 때 스케치 노트 덕분에 단순한 대화가 시각적인 경험으로 바뀌고, 공감력을 동원한 덕분에 단순한 수업이 진정한 배움으로 거듭날 수 있었습니다.

막막한 상태에서 벗어나기

꽉 막힌 상황에서는 무엇을 해야 하고, 어떻게 해야 좌절감에서 벗어날 수 있는지를 알아야 제자리에서 헛바퀴를 돌리는 결과를 면할 수 있다. 이럴 때 학생들은 교사가 나서서 구해주기를 바랄지 모른다. 하지만 이런 때야말로 끈기를 발휘하는 법을 직접 지도할 중요한 기회다. 예를 들어 초등학생이라면 표 5-4와 같은 '자기성찰 도표'를 사용해서 학생들 스스로 자신의 근성을 평가해볼 수 있다.

끈기 있게 매달려서 결국 어려운 일을 해냈던 경험을 떠올리는 것도 도움이 된다. 자전거나 스케이트보드 타는 법을 배웠을 때나 조리법을 보면서 처음으로 도전한 음식을 만들었을 때처럼 말이다. 무언가를 해내려고 열심히 노력했던 경험은 누구에게나 있을 것이다.

표 5-4 끈기를 발휘하는 능력을 알아보는 자기성찰 도표

꽉 막힌 상황에 처했을 때				
1 시작 전 단계	2 시작 단계	3 발달 단계	4 숙련 단계	5 심화 단계
포기하고 그만둔다.	도움을 요청한다.	과거에 효과가 있었던 전략을 사용해보려고 노력한다.	지금 사용하고 있는 전략이 효과가 없다면, 위험을 감수하고 다른 방법을 시도한다.	다음에 어려움이 닥쳤을 때 활용할 수 있도록 어떤 방법이 효과가 있는지를 잘 파악해둔다.

학생들은 그런 경험을 회상하면서 '어떻게' 이루었는가를 스스로에게 질문해 볼 필요가 있다.

어떤 사람들은 문제에서 잠시 벗어나 딴 일을 하면서 생각이 떠오르기를 기다리는 식으로 어려움을 해결하기도 한다. 아니면 정신을 집중하거나 호흡에 집중하는 등의 마음챙김 훈련을 활용하는 사람도 있다. 어떤 이들은 달력에 목표를 표시해두고 날마다 조금씩 해결해 나가는 방법을 쓴다.

또는 대화를 통해 직접 의논하면서 스케치 노트 같은 시각화 표현법을 활용해서 지금 머릿속에 든 생각을 집중 조명하기도 한다. 학생들이 기억해야 할 것은, 다들 과거에 어려운 문제를 슬기롭게 극복한 경험이 있으므로, 난관에 처했을 때는 그저 지금 닥친 문제를 해결하는 데 유용할 것 같은 전략 몇 가지만 생각해내면 된다는 점이다. 그것이야말로 학생들이 자신감과 역량, 지식을 키워서 각자 배움이라는 여정의 주인이 되는 길이다.

성장형 사고방식으로 코칭하기

교사는 학생들이 작업한 과제를 수정하고, 편집하고, 개선하는 동시에 학생들이 교사의 의견을 건설적이며 교육적인 비평으로 받아들이도록 지도해야 한다. 성장형 사고방식을 기반으로 하는 학급 환경이라면 '지속적인 배움에 열린 태도를 갖는' 마음습관을 더불어 훈련하기 때문에 학생들이 교사의 피드백을 한결 편하게 받아들인다.

교사는 학생의 아이디어를 확인하는 와중에 실수를 바로잡고 잘

못된 생각이나 접근 방식을 직접 '수정'해주고 싶은 충동을 느끼기도 한다. 하지만 그런 식으로 실수를 바로잡는 것은 학생의 이해도를 높이거나 학생이 다음에 더 좋은 성적을 내는 데에 대체로 도움이 안 된다. 더글러스 피셔Douglas Fisher와 낸시 프레이Nancy Frey는 그런 경우가 생기면 우선 학생이 범한 오류의 본질을 살핀 뒤 학생들이 스스로 바로잡게끔 도울 최선의 방법을 구상하라고 조언한다 (2012). 사실에 관한 오류(정확하게 기억하는 능력)는 전이 과정의 오류(정보를 새로운 상황에 적용하는 능력)와 다르며, 오해에 입각한 오류(제시된 정보를 토대로 일반화하는 능력)와도 다르다. 교사가 학생들과 얼굴을 마주하고 앉아서 오류에 대해 논의하고 분석할 때, 학생들은 수동적으로 피드백을 받는 입장과는 다른 책임감을 느낀다. 학습 과정을 신비의 영역이 아닌 조절 가능한 영역으로, 특정한 과제에 한정된 것이라기보다는 지속적인 것으로 받아들인다. 학생들은 자기 생각이나 접근에 오류가 있음을 알아차릴 기회를 얻음으로써 나중에 문제가 닥쳤을 때 해결할 준비를 더 잘 갖추게 된다. 이 과정이 잘 진행되도록 교사는 질문이나 행동을 유도하고, 오류를 분석하는 과정을 지도할 수도 있다.

후속적인 지도나 논의를 진행하기 위해서는 학생들이 어느 부분에서 힘들어 하는지, 교사가 어떻게 해야 최선의 도움을 줄 수 있는지를 알아야 한다. 다시 말해 어려워하는 문제가 내용인지, 과정인지, 그것도 아니면 성향적인 특성 때문인지 파악할 필요가 있다. 예를 들어 2학년 학급에서 수에 대한 감각과 자릿수를 배우는 경우에 교사가 학생별로 문제를 개별화해서 제시하기도 하는데, 그때 활용되는 문제는 모두 동일한 목표를 측정하기 위한 것이다. 각 학생을 최선의 방식으로 지도하기 위해 교사는 다음과 같이 여러 층위의 목표에서 학생들의 수준이 어느 정도인지를 파악하고 있어야 한다.

- **내용상의 목표** 자릿수를 이용해서 수를 설명하고 비교하며, 1,000까지 일정 간격으로 띄어서 셀 수 있다. 짝수와 홀수의 개념을 이해한다, 349를 300+40+9로 표현하는 것처럼 숫자를 자릿수에 맞게 결합하거나 반대로 분해해서 표현한다.
- **과정상의 목표** 자기 생각을 설명하기 위해 구체적인 모형과 그림을 이용할 수 있다.
- **성향적인 특성** 과거의 지식을 새로운 상황에 적용할 수 있다, 정확하고 명료하게 생각하고 대화할 수 있다.

우리는 교사들에게 학생들의 활동을 기초로 관찰 일지를 쓸 것을 권한다. 학생이 계속해서 도움을 요청한 경우에는 그 내용과 어떻게 진행되었는지에 대해 설명을 기록하게 한다.

전이를 위한 학습에 중점을 두기

그럼 학생들이 목표를 이룬 다음에는 어떤 일이 전개될까? 목표를 달성한 뒤에는 '과거의 지식을 새로운 상황에 적용'하는 마음습관을 키울 수 있도록 배운 것을 돌아보고 반성하는 기회를 마련하는 것이 중요하다. 학습 여정을 돌아볼 때는 메타인지 습관을 익히고, 강화하고, 적용하는 데 도움이 되는 표 5-5와 같은 단계별 과정표를 참조해도 좋다. 메타인지는 학습 전이(transfer)를 익히는 데 아주 중요한 요소다.

'메타인지의 발달 단계'를 학생들과 공유하는 시간은 자기 성찰의 소중한 기회와 흥미로운 토론을 촉발하는 계기가 된다. 프로젝트 진행 중에 학생들이 전략적으로 사고하고, 사고를 평가하고, 생각을 적용하는 등의 방식으로 활용하는 과정이 이런 방식인가? 단계별로

표 5-5 메타인지를 키우는 과정

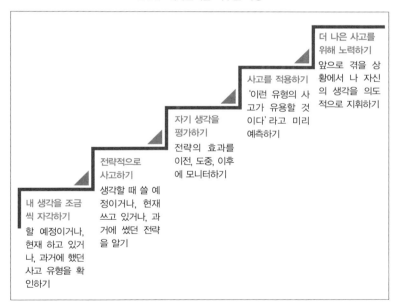

출처 : Copyright 2017 by the Institute for Habits of Mind

제시한 설명이 각 단계에서 경험하는 내적 대화를 정확히 묘사하고 있는가? 만일 그렇지 않다면, 학생들에게 어떤 단계에서 어떻게 작업에 임했는지를 각자의 말로 설명해보라고 요청한다.

또 학생들에게 다음과 같은 질문을 해서 과제 완료 후에 보고서를 작성해보게 지도한다.

- 프로젝트를 완수하는 데 어떤 사고 유형을 활용했는가?
- 주어진 활동을 끝까지 해내는 데 어떤 사고 과정을 적용했는가?
- 사고 과정이 얼마나 효과적이었다고 생각하는가? 그 이유는 무엇인가?
- 언젠가 이와 동일한 프로젝트를 하게 된다면, 더 효과적으로 사고하기 위해서 어떤 점에 변화를 주겠는가? 바꾸고 싶지 않은 부분이 있다면 어떤 부분인가?
- 이런 사고 과정이 도움을 줄 수 있는 다른 종류의 프로젝트에는 무엇이 있을까?

수업 개별화를 위한 제안

도전해야 하는 강력한 이유를 계속해서 강조하라 예측 가능한 난관에는 도전적이면서도 가치 있는 뭔가를 개발하는 요소가 들어 있게 마련이다. 학생들은 정확한 정보를 찾고, 관련된 기술에 맞게 잘 조절하고, 말로 명확히 표현해야 하는 부분에서 막막함을 느끼기도 한다.

그럴 때는 계속해서 이 활동의 목표를 떠올리게 해야 한다. '어떤 목표와 역량을 성취하고자 하는가? 전체 여정의 어디쯤에 와 있는가?'를 생각해보게 한다. 한창 작품 활동 중에 있는 화가에 비유해서 설명해보라. 화가는 작업 중인 작품에서 한 걸음 물러서서 전체 과정 중에서 지금 어디쯤에 와 있는지를 평가하고, 한층 넓은 시선으로 바라본다. 그리고 다시 앞으로 다가서서 다음 단계를 진행한다.

인간적으로 대응하라 이해하고 공감하는 마음으로 듣는다. 아이들도 때로는 분통을 터뜨리고, 뭐가 잘 안 될 때는 좌절감을 드러내고 싶어 한다. 아이디어를 찾기 위해 뚜렷한 목적 없이 여기저기 기웃거리기도 한다. 그런 대부분의 경우, 누군가가 집중적으로 관심을 기울여주기만 하면 안정을 되찾고 결론을 찾거나 다음 단계로 진행할 수 있다. 아이들의 말을 잘 들어주기만 해도 아이들이 스스로 문제를 해결할 수 있다는 믿음을 가져야 한다. 잘 들어주는 행동에는 잠자코 있으면서 더 생각해볼 시간을 주고, 아이에게 들은 말을 다른 표현으로 바꾸어 말함으로써 듣고 이해했음을 알리고, 질문을 간간이 던져서 아이의 생각을 확실히 파악하는 것 등이 있다.

시간이 중요하다는 사실을 기억하라 마감을 엄수하거나 과제를 책임 있게 진행하는 능력은 중요한 역량이다. 그런 중요한 역량을 키울 수 있도록 해당 분야의 전문가들, 다른 학생들, 부모들, 교사들을 통해 이미 검증된 다양한 관리 도구를 학생들에게 제공한다. 그리고 그런 도구를 고르는 방법이 진행 과정과 전반적인 결과에 어떤 영향이 있었는지 학생들에게 피드백을 구한다. 자기 발견의 중요한 요건으로, 이런 과정을 통해 학생들은 어떤 방법이 효과가 있는지를 알아갈 수 있다.

5장을 마치며

전통적인 교실에서 한층 개별화된 교육 환경으로 바꾸어나갈 때, 구체적인 실제 적용 모습을 머릿속에 그려보는 것도 물론 중요하지만 전인교육에 계속 초점을 맞추는 것 역시 중요하다. 교육 컨설턴트인 마이크 앤더슨Mike Anderson는 이렇게 조언했다(2016). "학생들이 각양각색의 활동에 몰입해 있을 때, 단순히 학생들의 활동을 힐끔 살피는 것만으로는 그 아이가 잘하고 있는지 어떤지를 가늠하기가 힘들다. 따라서 우리 교사들은 학생들에게 더 깊은 주의를 기울여야 한다."

우리는 이 이야기를 하기 위해서 이번 장에 시간과 공을 들였던 것이다. 지금까지 개별 맞춤형 학습을 실제 교실에 도입한 교사의 견해를 다루는 데에서 시작해서, 전인적인 관점에서 아이에게 관심을 기울이는 교실을 설명하고, 자기주도적 학습을 다루고, 마지막으로 학습 과정을 돌아보고 반성하고 평가해야 할 필요성을 강조했다. 매 단계마다 그 부분과 관련된 구체적인 사례와 이야기도 함께 소개했다.

장담하건대, 개별 맞춤형 학습은 갈수록 힘을 얻어가고 있다. 점점 더 많은 사례가 꽃을 피운다. 학생들의 다양성이 날로 증가하는 상황에 대응해야 한다는 위기의식이 오늘날의 혁신적인 기술과 맞물리면서, 개별 맞춤형 학습은 그저 고려해볼 만한 하나의 교육 방식이 아니라 가장 실현성이 높은 교육 방식으로 주목받고 있다.

"학습을 개별화한다는 말은
학습자를 교육과정의 중심에 둔다는 뜻이다."

6장

학생들의 성장을
촉진하자

피드백

피드백을 주고받을 때,
교사와 학생들은 도전과 좌절 사이에서
중심을 잘 잡아야 한다.

이 책을 읽고 있는 당신은 학생들이 이 세상에서 잘 살아갈 수 있도록 그들을 준비시키는 데 관심이 많은 교육자일 가능성이 크다. 그래서 세상에 영향을 끼치는 사람이 되려면 어떤 준비가 필요한지, 문제에 직면했을 때 어떻게 접근하고 분석하고 해결해야 하는지를 아이들에게 이해시키려고 노력할 것이다. 또한 아이들이 최고의 경지에 이르기 위해 노력하고 비범한 잠재력에 걸맞은 성과를 내는 사람이 되기를 바랄 것이다.

발레리나의 체력, 기품, 우아함에는 훌륭한 기량, 숙련된 솜씨, 완벽함, 탁월한 결과를 얻기 위한 에너지 안배의 노력이 담겨 있다(발레리나뿐 아니라 작가, 구두장이, 운동선수, 그 밖의 모든 뛰어난 전문가들의 경우도 마찬가지다). 탁월함에 이르기 위해 노력하는 사람들은 과정에 주의를 기울이고, 시간을 투자해서 결과물을 개선해나간다. 그들은 충족해야 할 높은 수준, 가치 있는 모범 사례와 이상, 결과물을 평가할 기준을 살피고 검토한다. 교사들이 학생 모두가 보다 넓은 세상에서 이런 탁월한 경지에 이르는 것을 보장할 수는 없다. 하지만 적어도 모든 학생들이 탁월함을 목표로 분투하는 데 꼭 필요한 과정(피드백을 활용해 학생의 성장을 도모하는 것)을 도입할 수는 있다. 그것이 바로 이 장에서 다룰 중심 내용이다.

피드백 : 개별 맞춤형 학습 환경에서 성장 촉진하기

핵심 요소	학생과 교사의 역할	관련한 마음습관
피드백 피드백은 어떻게 성장을 촉진할까?	·**학생** 청중의 피드백을 지속적으로 구하고 활용해서 결과물이나 과제를 만들거나, 시험하거나, 개선한다. ·**교사나 청중**(예 : **동급생, 고객, 가족, 다른 조원**) 널리 인정할 만한 기준을 토대로 구체적이며 실행 가능한 피드백을 준다.	·이해하고 공감하는 마음으로 듣기 ·정확성을 기하기 ·지속적인 배움에 열린 마음 자세를 갖기 ·자기 생각에 대해 생각하기 ·상호협력적으로 사고하기

우선 개별 맞춤형 학습을 규정하는 네 가지 핵심 특성과 관련성을 생각해 보면서 피드백의 활용과 가치를 알아보자.

 목소리 피드백을 주고받는 법을 배우면 비판적인 시각을 계발하는 데 도움이 된다. 아이들은 다른 친구들이 과제를 작업한 과정이나 결과물을 꼼꼼히 관찰하면서 작품을 평가하는 능력을 키운다. 기준에 따라 작업한 결과물을 평가하는 중요한 역할을 수행하면서, 자신의 의견을 정리해 표현하는 법을 익힌다. 그 과정에서 '저자가 말하려는 바가 얼마나 잘 표현되었는가?' '저자의 견해가 어떻게 반영되었는가?' 같은 질문을 제기하며, 자기 스스로에게도 동일한 질문을 던질 줄 알게 된다.

 공동 창조 교사와 학생들은 과제물을 평가하는 데 사용할 기준을 함께 정한다. 이때 교사 이외에 동료 학생들이나 해당 분야 전문가들이 참여하기도 한다. 물론 여럿이 함께하는 활동보다 혼자서 작업하기를 더 좋아하는 학생이 있을지도 모른다. 하지만 다른 사람들에게 받는 피드백은 과제를 수행하는 과정, 결과물, 학습 개선에 기여한다는 사실을 잊지 말아야 한다.

 사회적 구성 까다로운 프로젝트를 진행하려면 복잡한 사고 과정이 필요하다. 그런 활동을 진행할 때는 다른 사람들의 생각과 대비해서 자신의 생각을 전개하고, 청중과의 가치 있는 소통을 위해서 피드백을 적극적으로 수용하는 태도를 갖춰야 한다.

 자기 발견 피드백은 새로운 관점을 제공하기도 한다. 학생이 자기 결과물에서 보지 못했던 점을 새롭게 깨달을 기회를 갖게 되는 것이다. 학생들이 프로젝트에 한창 몰두해서 작업하는 동안에는 자기 생각에 완전히 빠져버리는 경향이 있다. 그럴 때 좋은 피드백을 받으면 그동안 빠져 있던 생각에서 한 발짝 뒤로 물러서서 작업 과정을 새롭게 다시 바라볼 수가 있다. 종종 자신의 장점과 앞으로 지속적으로 배우고 성장해야 할 분야를 더 확실히 파악하기도 한다.

피드백이 유익하려면

예전에 취미로 바이올린을 배운 적이 있는 베나의 남편은 60세에 다시 바이올린 레슨을 받기로 했다. "세월만큼이나 지도 방식도 확실히 달라졌네요. 어릴 적 선생님이었다면 '이크! 소리가 그게 뭐야!'라고 지적했을 텐데, 지금 선생님은 '음색을 내는 부분에 더 신경을 써야겠어요'라고 말씀하시더군요."

학생 스스로가 어떤 노력을 기울여야 하는지 알고 있거나 개선하기 위해서 애쓰는 중이라면 어떤 효과가 있을까? 글 솜씨를 키우고 싶어 하는 학생이 숙제로 제출한 원고에 '잘 했어요!'라는 소감을 적고 좋은 점수를 주는 것은 크게 도움이 안 된다. 반면 독자의 공감을 이끌어내는 부분은 어디이고, 글에 몰입하게 만드는 기술이 발휘된 부분은 어디이며, 구체적인 예를 보충해서 글의 짜임새를 개선할 수 있는 부분은 어디인지를 지적하는 것은 글쓰기 실력을 향상시키는 데 확실히 도움이 된다.

피드백은 시기적절해야 하고, 명확하고 정확한 표현으로 기술해야 하고, 건설적이며, 목표와 관련이 있고, 실행 가능한 것이어야 한다(Martin-Kniep, 2015; Wiggins, 2012). 또 피드백을 주는 사람이 동료 학생이든, 교사나 멘토든, 해당 분야의 전문가든 관계없이 피드백에는 그 학생의 현재 위치가 어디이며 현 지점과 목표 지점의 격차를 줄이려면 어떻게 해야 하는지가 들어 있어야 한다. 피드백을 주는 학생들은 자신들 역시 높은 수준을 목표로 노력하고 있음을 명확히 인식하고, 마음습관인 '정확성을 기하기'를 연습해야 한다.

개별 맞춤형 학습 환경에서는 세심하게 계획한 피드백을 활용한 가르침이 학생과 교사의 관계에서 상당히 중요한 역할을 한다. 사회적 구성 조건을 갖추려면 그 과정을 안내하는 공들인 질문이 필요하다. 학생들은 프로젝트를 진행하면서 자기가 준비하고 있는 과제물에 대해 질문하는 법을 배워야 하는데, 이때 교사들이 '질문하고 문제를 제기하는' 마음습관을 본보기로 보이면 크게 도움이 된다.

정기적으로 프로젝트를 개선해 나가려면 시기적절한 피드백이 필요하다. 사회적 구성의 또 다른 조건은 학생들의 생각을 열린 태도로 들어주고, 학생의 목표와 지적 · 정서적 발전 단계를 세심히 헤아리고, 학생들의 배움과 성장에 기여하고자 하는 건설적인 비평가를 찾는 일이다. 이런 정밀한 수준의 피드백을 주고받는 일에 참여하는 교사와 학생들은 도전과 좌절 사이에서 중심을 잘 잡아야 한다. 학습 과정에서 맞닥뜨리는 어려움이 생산적인 것일 때는 학생들이 그 일을 해내기 위해 '충동성을 조절하고, 끈기 있게 매달릴' 수 있다. 그런데 어떤 학생이 추진하는 프로젝트가 그 학생이 도달 가능한 범위 밖에 있을 때는 교사가 개입해서 지도해야 한다. 주위를 돌아보면 실패에 대한 두려움이 '창조하기, 상상하기, 혁신하기'를 가로막는 경우가 아주 많다. 아이들은 친구들이 놀릴까봐, 자기 능력 밖의 일을 해야 하는 상황이 닥칠까봐 걱정한다. 모두들 겪어봤겠지만 그럴 때면 '혹시 내가 잘못 짚은 게 아닐까? 생각했던 결과가 안 나오면 어떻게 하지?'라는 목소리가 마음속에서 들려온다. 설사 실패하더라도 충격을 완화해줄 안전망이 있다는 믿음이 없으면 고정관념에서 벗어난 사고를 하기가 힘들다. 그렇기 때문에 이제는 교사와 학생 모두 행동을 달리해야 한다. 학생들은 답을 쉽게 구하기 힘든 문제의 해결책을 지속적으로 모색하면서 모호성과 불확실성을 감당하는 법을 배우고, 교사들은 문제를 해결하는 법을 가르치는 것이 아니라 문제의 내용을 생각하는 법을 가르치는 식으로 말이다.

공신력 있는 사람이 솔직하고 건설적으로 피드백을 해서 학생의 사고를 촉진하는 경우, 피드백을 받은 학생은 새로운 시도를 끝까지 밀고 나간다. 위험부담이 있는 모험을 한다는 것은 지식이나 경험에 근거한 모험에 나선다는 뜻이다. 즉 새로운 일에 뛰어들기 전에 '자기 생각에 대해 생각'함으로써 위험부담을 분별하는 방법을 배운다는 의미다. '위험부담이 있는 모험'을 장려하려면 교실 분위기가 무엇보다 중요하다. 학생들이 평가 점수나 성적을 걱정하는 분위기에서는 모험에 뛰어들 가능성이 적기 때문이다. 교사들은 개별 맞춤형 학습 활동에 점수를 매기고 싶은 생각이 없지만, 다른 한편으로는 학생들의 성적을 내는 평가 제도를 따라야 하는 딜레마에 빠져 있다. 그럴 때는 3장에서 제안했던 '역량을 기초로 한 체계'를 활용해 본다. 앞서 설명했던 이 체계는 내용적 지식을 입증해야 하는 부담에서 벗어나 장기적인 기술과 역량을 드러내고 생각하는 데 필요한 성향을 계발하는 데 중점을 둔다.

가상 수단을 활용한 피드백

일단 교사가 피드백이 성장에 긍정적으로 작용할 수 있게 설정해두면, 학생들은 가상 수단을 활용해서 피드백받을 준비가 된 것이다. '사회적 구성'과 '상호협력적 사고'의 전개 가능성을 높이는 도구들은 이미 많이 나와 있다. 그 중에서 교사들이 많이 사용하는 유용한 방법 몇 가지만 소개한다.

- **화상 토론** 스카이프나 구글 행아웃 같은 소프트웨어는 대화 도중에 참여자들이 서로를 바라보고 상대의 보디랭귀지와 얼굴 표정을 읽을 수 있기 때문에 개별화된 수단으로 볼 수 있다. 이런 도구들은 상호작용이 가능하며, 대화를 촉진하고, 전 세계 자원과 연계할 수 있게 하는 훌륭한 수단이다.
- **오디오 형식** 복서Voxer, 보이스 스레드Voice Thread, 카이제나Kaizena는 화상 토론 소프트웨어보다는 단순한 형태지만 이것들 역시 참가자들이 대화를 나누는 데 활용할 수 있다. 참가자들은 특정 부분에서 피드백을 얻기 위해서 대화를 진행할 수 있다. 이런 방식

은 진행하는 과제에 교과 영역을 접목하는 데 쓰이기도 한다.

● **문서 형식** 마이크로소프트 워드 프로그램의 추적 기능과 구글 문서의 댓글 기능을 이용하면 교사와 해당 분야 전문가 모두 학생에게 조언과 제안을 해줄 수 있다. 또 이 기능을 활용하면 학생들이 문서 형태의 피드백을 기록해 둘 수 있다.

이외에도 훌륭한 도구들이 많이 있으니 상황과 필요에 따라 적절한 도구를 골라서 사용하자.

나선형 피드백을 통해 학습하기

"똑같은 강물에 발을 두 번 담글 수는 없다"라는 헤라클레이토스의 명언은 학습자가 받는 피드백이 얼마나 우수하고 가치 있는지에 상관없이, 일단 자기 성찰의 세계에 발을 들여놓은 사람은 예전과는 절대 똑같을 수 없을 것이라는 사실을 환기시킨다.

표 6-1에 나오는 나선형 모형은 피드백이 점진적으로 확대·반복되는 과정을 보여준다. 학생들은 한 번의 주기를 마칠 때마다 자신이 해온 과제에 대해 더 많은 점을 깨닫고, 다음 단계의 학습에 잘 대비할 수가 있다.

이 모델은 각 피드백의 주기가 일곱 단계로 구성되어 있다. 한 번의 주기는 목표를 명확히 밝히는 데에서 시작해 목표를 재확인하는 단계에서 끝나며, 그 중간에 여러 단계가 있어서 외부의 피드백을

표 6-1 지속적인 성장을 촉진하는 나선형 피드백 모형

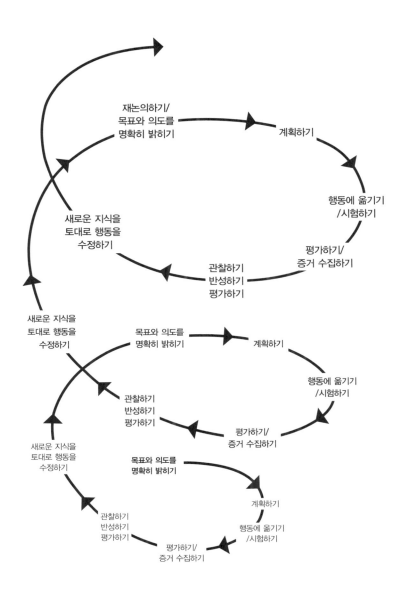

받을 기회도 많다.

1. 목표와 의도를 명확히 밝히기 학생들은 프로젝트를 시작하면서 목표를 명확히 해둬야 한다. '왜 이 주제를 선택했으며, 이런 방식으로 생각을 전달하기로 결정했는가?'를 밝힌다. 예를 들면 어린이와 의학에 관심이 있어서 소아과 병원에 대해서 자세히 알아보겠다고 한다거나, 애니메이션 분야에 호기심이 생겨서 극본을 쓴 후에 애니메이션으로 발전시켜보겠다고 마음먹는 학생이 있을 수도 있다. 피드백을 주고받을 때는 학생의 '목소리'가 유용한 피드백을 유발하는 동인이기 때문에 교사는 학생이 정한 목표와 의도를 주의 깊게 듣는다. 이는 교사 중심에서 학생 중심으로 과제의 주체를 바꾸는 데 반드시 필요한 부분이다.

2. 계획하기 프로젝트를 계획하는 단계에서 학생들이 피드백을 요청하는 경우가 종종 있다. 이 단계에서는 대개 시간 관리법, 우선순위를 정하는 법, 도와줄 사람이나 자료를 찾는 법 같은 것들을 묻는다. 이때 교사는 학생이 처한 문제나 질문 내용을 확실히 이해하기 전에는 조언을 삼가야 한다.

예를 들어 어떤 학생이 애니메이션에 관심이 있다고 말했을 때, 온갖 자료와 정보, 지인들 중에 애니메이션 관련 일을 하는 사람들에 대한 이야기를 쏟아내고 싶더라도 섣불리 나서서는 안 된다. 그럴 때는 "애니메이션 중에서도 특히 어떤 부분에 관심이 있니?"라거나 "애니메이션의 활용과 관련해서, 애니메이션에 적합한 스크립트를 만드는 데 도움이 될 만한 경험이 혹시 있니?"라고 간단히 질문해서 학생이 자기 생각을 명확히 정리하도록 도움을 주는 편이 훨씬 낫다. 또 비슷한 부류의 질문을 놓고 고심하는 다른 학생들과 짝을 이루어서 '과거의 지식을 새로운 상황에 적용하는' 전략으로 '공동 창조' 하도록 하면 도움이 될 때가 많다. 학생들이 짝을 이루어 활동할 때 교사가 합류해서 자신의 경험을 들려줘도 좋다.

3. 행동에 옮기고 시험하기 중요한 일을 할 때면 착수 단계에서 두려움을 느끼는 경우가 많다. '내가 맞는 길을 가고 있는 걸까? 결국에는 성공할 수 있을까? 지금 잘하고 있는 걸까?'와 같은 의문이 생기면서 조바심이 난다. 피드백을 하는 목적은 학생들이 '자기 발견'을 할 수 있도록 이끌기 위함이므로 학생의 질문을 중심으로 피드백을 전해야 한다. 학생들이 그런 질문을 하는 이유는 불안정한 느낌이 들기 때문이다.

심리학자 피아제에 따르면 그런 순간이 배움의 주요한 기회다. 그러므로 어려움을 모면할 수 있게 단순히 도와주기보다는 아이들이 또래 친구들에게서 조언을 얻는 좋은 기회로 활용하도록 이끌어야 한다. 학교 밖에서 전문가나 멘토를 찾아서 조언을 구하도록 격려해도 좋다. 그랬을 때 학생들은 포기하지 않고 '끈기 있게 매달리면서' 문제를 직접 해결하고, 활동을 한층 의미 있게 만드는 '사회적 구성'의 가치를 깨닫기 시작할 것이다.

4. 평가하고 증거 수집하기 충족해야 할 기준과 규정을 확인할 기회다. 이 단계는 학생들이 각자 진행하고 있는 프로젝트를 모니터하고 스스로 평가하는 법을 습득하는 데 목표를 둔다. 따라서 학생들이 피드백을 부탁하는 법을 배우고, 피드백을 시작하기에 앞서 질문할 내용을 미리 준비할 수 있도록 지도한다. 어느 경우든 형성 평가를 할 때, 학생의 자기 평가를 외부적인 평가에 못지않게 중요하게 다루어야 한다.

5. 관찰하기, 반성하기, 평가하기 자신의 프로젝트가 너무 마음에 들어서 다른 사람들이 상반되는 의견을 제시할 경우 무조건 깎아내리려고 하거나, 검토 과정이 꼭 필요한데도 건너뛰려고 하는 학생들이 가끔 있다. 좋은 피드백을 받아들이는 법을 배우는 건 좋은 피드백을 해주는 법을 배우는 것만큼이나 복잡하다. 피드백을 받는 사람은 아무리 좋은 피드백이라도 그런 건설적인 비판을 받아들이는 데 시간이 필요하다. 정해진 시간에 맞추느라 정신이 없어서 학생들이 개선을 위한 의견들을 꼼꼼히 살피거나 실행할 시간을 갖지 못하는 일이 없도록 한다.

6. 새로운 지식을 토대로 행동을 수정하기 학생들은 피드백을 받아들여서 실행으로 옮기는 과정에서 큰 가르침을 얻는다. 그러나 과제를 다시 논의하고 수정하려면 시간이 필요하다. 우리가 아는 어떤 고등학교 영어 교사는 피드백을 받고 실천하는 것을 대단히 중요하게 생

각한 나머지 학생들이 과제를 수정할 때마다 매 단계를(피드백을 받아서 어떻게 개선했는지를) 평가하기도 한다.

7. 재논의하고 목표를 명확히 밝히기 때로는 처음에 정했던 목표가 프로젝트의 논리와 일치하지 않는다는 사실을 깨닫기도 한다. 그럴 때는 목표를 다시 정리해서 진술해야 한다. 예를 들어 처음에는 애니메이션에 대해 알아보겠다는 의도에서 시작했는데 관련 내용을 조사하던 중에 그림책 일러스트레이션에 깊은 호기심이 생길 수도 있다. 아니면 생각지 못했던 새로운 의문이 도중에 쏟아져 나오기도 한다. 그렇게 새로이 부상한 질문들은 다음 프로젝트 탐구 주제에 반영할 수 있다.

일대일 피드백

학습 과정을 매우 존중하는 분위기는 일대일 대화를 통해 잘 드러난다. 학생과 교사가 어떤 공간에서 교류하는지가 중요하게 작용하기 때문에 교류 공간은 서로의 대화를 잘 알아들을 수 있고 집중할 수 있는 조용한 장소여야 한다. 교사가 한 학생에게만 따로 피드백을 할 때는 다른 학생들이 작업하는 데 방해가 되지 않는 환경에서 피드백을 주고받아야 한다.

신학기가 시작되는 시점에서 교사는 학생들과 개별 면담을 하는 것이 좋다. 그 한 해 동안 피드백을 주고받는 과정에 대한 긴장감을 덜 수 있기 때문이다. 면담을 지속적으로 학생이 주도하게 하면, 말로 전달하는 피드백이든 글이나 각종 미디어를 이용해서 전달하는 피드백이든 관계없이 프로젝트를 진행하는 과정에서 전달받는 피드백을 학생들이 더 쉽게 받아들이고 그에 따라 대응한다.

프로토콜의 힘 : 조하리의 창

1955년에 사회학자 조셉 루프트Joseph Luft와 해리 잉햄Harry Ingham은 '조하리의 창(the Johari window)'이라는 커뮤니케이션 모델을 개발했다. 이 모델은 개인간의 상호 이해를 높이는 수단으로 흔히 사용된다. 우리는 이 모델을 응용해서 학생이 주도하는 면담을 유지하기 위

표 6-2 일대일 면담을 위한 '조하리의 창' 프로토콜

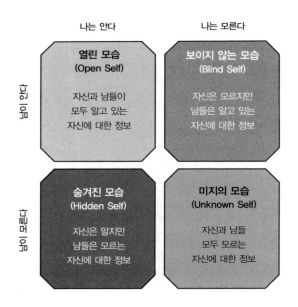

한 프로토콜을 만들었다(표 6-2 참조). 이런 프로토콜은 시간적 제약을 덜 받는 체계가 무엇인지를 파악하고, 면담에서 유연하고 열린 태도가 필요하다는 사실을 교사와 학생들이 인식하는 데 도움이 된다.

'열린 모습'의 창으로 대화를 시작하면서 다음과 같은 질문을 던진다.

- 네가 작업한 프로젝트에서 어떤 것이 눈에 띄는지 한번 얘기해 보자. 네가 주목하고 있는 것은 무엇이니?
- 이 프로젝트에서 돋보이는 점은 무엇이고, 어떤 점을 더 개선해야 한다고 생각하니?
- 과제의 완성도를 높이기 위해서 어떤 부분을 더 노력해야겠다고 생각하니?

이런 질문으로 대화를 시작하는 이유는 학생이 자기 프로젝트의 강점과 약점을 어떻게 인식하고 있는지 들어보기 위해서다. 대화의 최우선 목표는 학생의 자기 평가를 발전시키는 데 있음을 명심한다.

다음으로 '보이지 않는 모습'의 창으로 넘어가 보자. 이 단계에서는 다음과 같은 질문으로 대화를 전개해 나갈 수 있다.

- 작업한 프로젝트를 검토해 봤는데, 네가 설명한 내용은 대부분 수긍이 가더구나. 그런데 _____라고 했던 부분은 잘 모르겠어.
- _____에 대해서는 생각해본 적이 있니?

● _____했던 부분은 아주 훌륭하더라. 그런데 조금 더 손을 보면 좋을 부분도 몇 군데 있는 것 같아. 특히 _____.

학생들은 자기 프로젝트의 강점을 인식하지 못하는 경우가 많다. 교사는 그런 사실을 염두에 두고 그 분야에서 통용되는 기준을 근거로 사실적이고, 정직하고, 정중하게 의견을 전달한다.

그럼 '숨겨진 모습'의 창으로 넘어가서, 다음과 같은 질문으로 대화를 전개해보자.

● 조금 전에 네가 얘기했던 것 외에 혹시 프로젝트의 수준을 더 높이는 데 방해가 되는 문제나 걱정거리 같은 건 없니?
● 더 의논하고 싶은 건 없니? 진행 과정에서 내가 도움이 될 만한 부분이 있으면 뭐든지 얘기해봐.

이때가 학생들이 마땅한 교통수단을 찾지 못한다거나, 조용히 공부할 장소가 필요하다거나, 능력이 부족하지 않을까 걱정하는 등의 애로 사항을 털어놓기에 좋은 기회다.

대화를 마무리 지을 때는 '미지의 모습' 창으로 넘어간다. 이 단계에서는 학생들이 지금까지의 과정을 돌아볼 수 있도록 다음과 같은 질문을 해본다.

● 이번에 선생님이랑 논의하면서 어떤 새로운 사실에 주목하게 됐니?

● 이후에 어떤 과정을 밟아나가게 될까? 지금 배운 것을 현재나 미래의 어떤 상황에, 어떻게 활용할 수 있을까?

교사의 목표는 학생들이 '지속적인 배움에 열린 마음 자세를 갖고' 지식의 전이(앞에서 행한 학습이 나중 학습의 효과에 영향을 미치는 것)를 위해 노력하도록 만드는 것이다. 이런 양질의 면담을 통해 학생들이 자기 스스로와 프로젝트에 대해 어떻게 인식하는지 알아보고, 프로젝트를 개선하기 위해 학생들이 어떤 조치를 취할 계획인지 더 자세히 이해할 수 있으며, 프로젝트를 진행하는 데 장애가 되는 문제가 무엇인지를 알아볼 수도 있다. 그리고 중요한 것은 이 과정을 통해 교사가 학습 과정을 존중하고 학생들을 존중하는 모범을 보여줄 수 있다는 점이다.

일대일 면담에서 학생의 역할

일대일 피드백을 위해 면담을 할 때, 학생들은 때로 자신에게 쏠린 시선에 부담을 느껴서 교사나 다른 어른들의 의견을 무조건 수용하기도 한다. 하지만 교사가 의미 있는 피드백을 주고받을 환경과 조건을 마련할 경우, 학생의 역할에 변화가 생긴다. 학생들이 '상호협력적으로 사고하기' 위해 애쓰는 공동체의 일원이 되는 것이다. 경쟁이 심한 전통적인 교실과 달리, 반 친구들을 신뢰하고 다른 학생들이 목표를 달성할 수 있도록 서로 돕는다. 이때 학생들에게는 두 가지 중요한 임무가 있다. 하나는 남들에게 피드백을 하는 것이고, 다른 하나는 자기 프로젝트에 대해 피드백 받는 법을 배우는 것이다.

그 두 가지 중 어느 쪽이든 피드백의 기준은 동일하다. 피드백을 위해 마련한 시간은 반드시 학습자 중심으로 전개해야 한다. 그리고 피드백은 긍정적이고, 건설적이며, 실행 가능한 내용이어야 한다. 학생들은 결과물이나 발표를 준비하고, 시험하고, 개선하기 위해서 피드백을 구한다. 이 단계는 학생들이 최대한 열린 마음으로 궁금한 점을 질문하는 시기로, 학생들이 다음과 같이 대비할 수 있도록 한다.

- 널리 통용되는 기준을 적용해서 자신의 프로젝트에 점수를 매기고 장점과 개선할 점이 무엇인지를 찾는다. 그러면 학생들은 면담 전에 자기 평가의 중요성에 주목할 것이다. 기대하는 목표는 학생들이 준비된 자세로 면담에 임하는 것이다.
- 피드백을 받고자 하는 부분 중에서 특히 무엇에 대해 질문할 것인지 준비한다. 일대일 면담에서 질문을 던지는 건 학생들의 몫이다.
- 면담 내용을 어떻게 기록할 것인지 정한다. 메모지, 컴퓨터, 녹음기 등 다양한 방법 중에 어떤 것이 좋을까? 학생들이 피드백을 받을 때 긴장해서 들은 내용을 그 자리에서 완벽히 기억하지 못할 수도 있다. 그럴 때 대화 내용을 기록해 두면 중요한 점을 다시 기억하는 데 도움이 될 것이다.

그룹 피드백

둘씩, 셋씩, 혹은 최대 여섯 명까지 짝을 이루어서 학생들끼리 서로의 프로젝트에 피드백을 주고받는 활동도 상당히 생산적일 때가 많다. 또래끼리 피드백을 주고받는 환경을 마련할 때는 몇 가지 중요한 조건을 고려해야 한다.

우선, 절친한 사이가 아닌 학생들끼리 그룹을 짓는 편이 좋다. 가능하다면 서로 다른 주제를 다룬 학생들끼리 그룹으로 묶는다. 그룹의 조합이 중립적일수록 피드백의 질은 더 좋아진다. 그리고 대화의 절차를 담은 프로토콜이 있으면 도움이 된다(활용할 프로토콜의 예는 다음 웹사이트와 도서를 참조하라. www.nsrfharmony.org/free-resources/protocols/a-z, McDonald, Mohr, Dichter&McDonald, 2013; McDonald, Zydney, Dichter, & McDonald, 2012).

프로토콜을 도입할 때는 참여 방식에 대한 규칙을 확인하고, '이해하고 배려하는 마음으로 듣기, 정확성을 기하기, 상호 의존적으로 사고하기, 정확하고 명료하게 대화하기'와 같은 마음습관에 주의하도록 지도한다. 학생들이 효과적인 피드백을 위한 일반 규칙을 익히는 동안에는 프로토콜이 중요하지만, 연습을 거치면 수정 없이 자동적으로 적용하는 수준에 이를 수 있다. 학생들이 피드백을 왜 하는지 이해할 수 있게 도와줄 대화법을 제공하라. 그러면 피드백을 받는 사람은 더 성공적인 결과를 내기 위해서 찾고 있었던 조언을 얻게 된다. 유용한 프로토콜은 항상 피드백을 받는 사람에게 해당 프로젝트에 대한 내용을 제공할 기회를 주는 데에서 시작한다는 점을 강조하라.

예를 들어 극본을 쓴다고 할 때 그 대본이 연극 대본일 수도 있고 영화 대본일 수도 있다. 그래서 어떤 문맥인지가 중요하다. 피드백을 받는 사람은 "문제가 있는 부분이 바로 여기야"라거나 "여기 이 부분에서 막혀서 진척이 없어" 혹은 "대본에서 수긍이 가는 부분은 어디고 그렇지 않은 부분은 어디인지 모르겠어"와 같이 구체적으로 피드백을 요청하는 것으로 대화를 시작해야 한다. 그리고 마지막으로 프로토콜을 활용할 때 피드백을 주는 방법을 시연해본다.

그룹 피드백에서 학생의 역할

학생들은 서로의 성공을 뒷받침하는 학습 공동체의 일원으로, 양질의 발표 자료나 과제물을 제작하기 위해 서로 피드백을 해준다. 피드백을 할 때는 상대의 견해를 이해하는 데 도움이 되는 핵심 질문을 하고, 건설적이고 현실적인 의견을 제시하도록 주의를 기울인다.

또한 급우가 어떤 측면에서 피드백을 원하는지를 정확히 알아야 한다. 어떤 학생은 맨 처음에 생각했던 아이디어가 프로젝트로 진행할 가치가 있는지 알고 싶어 하고, 어떤 학생은 접근 방식에 일관성이 있는지 확인하고 싶어 할 것이다. 또 전달하는 메시지의 어조가 독자나 청자의 입장에서 보기에 괜찮은지 알고 싶어 하는 학생도 있을 수 있다. 피드백을 받는 이유가 다르면 질문을 주고받는 방법도 달라야 한다는 사실을 이해했다면, 피드백을 받는 사람과 해주는 사람의 역할을 모두 잘 갖춘 것이다.

프로토콜의 영향력

학생들이 복잡한 문제에 처했거나 모호한 상황이거나 아이디어를 전개해나갈 때, 피드백의 기본 절차를 규정한 프로토콜이 있으면 피드백을 주고받는 과정이 보다 원활해진다. 그런 목적에서 우리가 도입해서 사용하는 프로토콜 '비평가 친구들(Critical friends)'과 '기술적 조언(Descriptive Consultancy)' 두 가지를 소개하겠다.

비평가 친구들 이 프로토콜은 과제물 초안 제작이 거의 다 끝나가는 시기에 작품을 진단하는 용도로 쓰인다. 학생들은 과제물의 내용이 얼마나 잘 전달되고 있는지와 발전적인 방향으로 전개되고 있는지에 대한 피드백을 요청한다. 이 프로토콜을 과제가 다 끝날 무렵에 부가적으로 활용할 수도 있다. 우리는 보통 학생들 두 명씩 짝을 지어서 이 프로토콜을 활용하도록 권한다. 일단 진행 방식에 익숙해지면 세 명씩 짝을 지어 활동해도 좋다.

피드백을 주고받는 과정은 대체로 다음과 같은 절차에 따라 진행된다.

- 발표자가 과제의 내용을 설명하고, 목적과 결과를 보고한다(2~3분).
- 비평가 친구들이 질문을 하면서 들은 내용을 확인한다. 이때의 질문은 의견을 제시하기 위한 것이 아니라 이해했는지를 확인하

기 위한 질문이다(2~3분).

- 발표자가 구체적인 피드백을 요청한다. 예를 들면 이런 식으로 이야기를 꺼낸다. "사진 자료는 괜찮니? 내가 X를 제대로 설명했니? Y를 하는 편이 좋았을까?"(2~3분).
- 비평가 친구는 질문 내용을 중심으로 피드백을 해주고, 정확하고 신중하게 의견을 나눈다(5분).
- 발표자와 비평가 친구들 모두 잠시 시간을 내서 알게 된 사실을 정리한다(1~2분).

그 다음에는 발표자와 비평가 친구들이 역할을 바꿔 가면서 이 과정을 반복한다. 이 과정을 두 번 반복하는 데 30분을 넘기지 않도록 한다.

기술적 조언 이 프로토콜은 프로젝트를 진행하는 학생에게 조언을 하기 위한 것으로, 특히 이해하기 힘든 당혹스러운 상황에 처했을 때 유용하게 활용할 수 있다. 프로젝트를 수행하면서 조언을 받고 싶어 하는 학생이 있으면, 교사는 즉석에서 조언자 집단을 조직해서 도움을 준다.

- 발표자가 주제를 설명한다. 이 프로젝트의 목적과 기대하는 결과를 간략히 진술한다(4분).
- 집단 구성원들은 질문을 하면서 들은 내용을 자세히 확인한다. 이때의 질문은 처한 문제를 더 잘 이해하기 위한 것이지 조언하

기 위한 것이 아니다(4분).

- 구성원들이 의견을 나누며 여러 방안을 제시하는 동안 발표자는 뒤로 물러나서 조용히 듣는다. 구성원들이 발표자의 문제를 해결하기 위해서 각자 의견을 내고 논의하는 동안, 발표자가 구성원들의 의견을 어떻게 생각하는지 자기 생각을 표현하지 않아도 된다는 장점이 있다. 발표자는 논의에 참여할 필요 없이 그저 대화를 듣기만 하면 된다(8~10분).
- 발표자는 집단의 대화를 들으면서 알게 된 점을 요약한다. 앞으로 어떻게 할 것인지를 발표자가 결정할 필요는 없다(1~2분).
- 구성원들은 특히 듣고 질문하는 능력이 발표자에게 어떤 이득을 주었는지를 중심으로 이 과정의 가치를 돌아본다(4분).

이 과정 역시 30분 이내에 끝내도록 한다.

피드백의 핵심은 성찰하기

지금까지 자신이 해왔던 활동을 돌아보는 시간을 통해 프로젝트에서 배운 점을 확인하고, 더 발전시키고, 강화할 수 있다. 그렇게 성찰한 내용을 다른 사람들과 공유하는 것은 자기가 배운 것을 다른 이들에게 기꺼이 공개하겠다는 표현이기도 하다. 교사들은 학급 전체가 다 같이 모여서 배운 내용을 서로 공유하는 시간을 종종 갖는다.

때로는 학생들이 학습 과정을 되돌아보며 성찰 일지(reflective journal)를 작성하도록 지도한다. 일지는 깨달은 점, 배운 점, 질문, 새로운 아이디어, 혁신적인 결과를 만들어낼 새로운 방법을 기록해 둘 좋은 기회다. 하지만 학생들 대부분은 일지 쓰는 활동을 자기 발견의 기회로 받아들이기보다 해치워야 할 따분한 숙제로 여긴다. 그럴 때는 예술가, 과학자, 졸업한 학생들이 작성했던 성찰 일지를 보여주는 것이 도움이 된다.

개별 맞춤형 학습을 설계하는 시작 단계에서는 다음과 같은 질문을 한다.

- 지금부터 작업할 이 과제에 대해서 어떻게 생각하니?
- 어떤 결과를 예상하니?
- 연구 주제에 초점을 맞추어 어떤 질문이나 문제들을 제기했니?

학생들이 실제로 실행하는 과정에 있을 때는 다음과 같이 질문한다.

- 이 주제와 관련해서 이미 알고 있는 점은 무엇이니?
- 이 프로젝트를 진행하는 동안에 참조할 만한 과거의 경험이나 예전에 했던 다른 프로젝트가 있니?
- 의사결정 과정(문제를 해결하기 위해 여러 대안 중에서 가장 적합한 대안을 선택하는 과정)에서 어떤 점을 인식하고 있니?
- 이 프로젝트의 결과를 평가할 기준과 관련해서 특히 어떤 부분에

주목하고 있니?

- 동료 학생들에게 받은 피드백이 프로젝트를 추진하는 과정에서 어떻게 도움이 되었니?

프로젝트를 마친 뒤에는 다음과 같은 질문을 한다.

- 최종 결과물은 개인적으로 예상했던 것과 비교했을 때 어떻게 다르니?
- 최종 결과물은 과거에 했던 과제와 비교했을 때 어떻게 다르니?
- 다음 프로젝트를 할 때는 어떤 점을 중요하게 고려할 거니?
- 자기주도적인 학습자로서 너 자신을 관찰해보니 어떤 패턴을 보였니?
- 다음 프로젝트를 실행할 때 도움이 될 만한 어떤 중요한 배움이나 깨달음을 얻었니?

이런 질문을 하는 이유는 학생들이 외부의 피드백에 의존하는 대화에서 벗어나서 자기 내면의 잣대에 기대고, 그런 스스로의 잣대를 강화해서 보다 자기주도적인 학습자가 되도록 이끌기 위해서이다.

성찰 단계에서 학생의 역할

지나온 과정을 성찰하는 활동은 학생들이 '자기 발견'에 주목하도록 유도한다. 하지만 학생들은 성찰하는 시간을 내면을 탐색하는 진지한 과정으로 받아들이기보다 꼭 해야 하는 숙제로 여기는 경우가 너무 많다. 그렇지만 전부는 아니더라도 학생들이 성찰하면서 느낀 소감을 어느 정도는 다른 친구들과 흔쾌히 공유할 수 있을 것이다.

예를 들어 교사가 학습의 계획, 과정, 결과물에 대해 질문하고 학생들에게 글로 답하게 한다. 그리고 그 글에서 다른 아이들과 공유하고 싶은 대목에 밑줄을 그어보라고 한다. 학생들은 프로젝트가 어려워졌을 때 포기하지 않으려고 노력했던 이야기나 난관이 있었지만 극복했던 경험을 들 것이다. 그 다음에 학생들이 서로 짝을 지어 자기 글에서 밑줄을 그은 부분을 상대방에게 이야기하게 한다. 마지막으로 각자 성찰한 내용을 짧게 요약해서 교사에게 전자 파일로 제출하면 교사는 전자 문서상에서 의견을 덧붙이는 것이다.

자기 발견에서 중요한 부분은 자기 자신을 관찰하는 습관을 들이는 것이다. 학생들은 자신이 성취한 것뿐만 아니라, 자기 행동을 정당화하려고 하거나 피드백을 준 사람이 제대로 이해하지 못했다고 나무라고 싶은 기분이 드는 저항 신호도 인지해야 한다. 또 과제를 완성하는 방법뿐 아니라 자기가 예상한 만큼 상황이 완벽하지 못하더라도 끈기 있게 매달리는 법도 배워야 한다. 뛰어난 연설가이자 뉴욕 주지사였던 마리오 쿠오모Mario Cuomo는 자기 연설문이 마무리되었다고 느껴본 적이 없다고, 그가 연설문 작성을 마치는 것은 완성되어서가 아니라 정해진 마감 시한 때문이었다고 말했다. 이처럼 지속적으로 공을 들여서 만들 줄 알고, 그와 동시에 중단할 시기를 아는 것 사이에서 균형을 잡는 것은 상당히 까다롭다. 좋은 피드백

(마감은 물론이고)은 학생들이 양질의 과제를 완성하는 법을 배우는 데 도움을 줄 수 있다.

피드백을 정착시키려면

편하게 받아들일 분위기를 조성한다 학생들에게 교사가 진심으로 성장을 중요하게 여긴다는 확신을 심어주려면, 피드백은 사람이 아닌 교육 활동에 대한 것이라는 사실을 확실히 전달해야 한다. 학생과 교사가 평가 기준을 함께 정하면 피드백을 학생들이 작업한 과제나 교육 활동에 국한하도록 분위기를 만드는 데 도움이 된다.

끈기 있게 노력하는 태도를 높이 산다 피드백을 자기 발견의 기회로 삼는다. 골치 아픈 문제에 직면하거나 복잡한 아이디어가 떠오른 다음에는 당연히 그 문제나 아이디어를 시험하는 과정을 거치게 된다. 또 그렇게 하는 것이 바람직하다. 학습자가 힘든 상황을 피하지 않고 덤벼들어서 끝까지 해내려고 노력할 때(예를 들면 비디오 게임에서 다음 단계로 넘어가기, 스케이트보드를 타고 360도 회전하는 법을 익히기, 짧은 음악 소절 작곡하기), 그렇게 몰두할 수 있는 이유는 그 과제가 어렵기도 하지만 한편으로는 즐겁기 때문이다.

지속적인 배움에 열린 마음 자세를 갖는 습관을 들인다 피드백을 주고받는 정기적인 시간과 장소를 정한다. 예를 들면 다음과 같이 실천할 수 있다.

- 학생이 담임교사 이외의 사람들과 의견을 나눌 수 있도록 멘토를 둔다. 예를 들면 해당 분야 전문가, 다른 분야의 교사나 다른 학교 교사들과 스카이프로 대화를 나눈다.
- 피드백을 위해 특별히 교사와의 면담을 마련한다. 면담이 언제 열릴지 학생들에게 미리 알리는 것이 도움이 된다.
- 동료 학생들과 개별적으로나 집단적으로 피드백을 주고받는 시간을 갖는다. 학생들이 주어진 프로토콜을 참고해서 친구가 마음이 상할까봐 의견을 선뜻 꺼내지 못하거나, 쓸데없이 참견하거나, 흐트러진 태도로 임하는 태도를 지양하고 적절한 선에서 피드백을 줄 수 있게 한다.

6장을 마치며

개별 맞춤형 학습에서 피드백은 '자기 발견'의 중요한 역할을 한다. 우리의 바람은 학생들이 학습자로서 자신의 정체성, 장단점, 다음 단계에서 달성하고자 하는 목표를 설명할 수 있게 되는 것이다. 학생들은 피드백을 배움의 여정에서 의사결정에 영향을 주는 경험의 하나로 받아들여야 한다.

배움의 과정을 돌아보는 이야기에는 교훈이 담겨 있다. 반복적인 패턴이 눈에 띄면 학생들은 '왜 항상 이런 일이 벌어지는 거지?' '이런 일이 생기기를 내가 바라는 걸까?' '만일 그렇지 않다면 어떻게 해야 더 유연하게 생각하고, 방향을 전환할 수 있을까?'와 같은 중요한 질문을 스스로에게 던져봐야 한다. 과정이든 결과물이든, 피드백과 성찰은 학습의 중요한 요소로 작용한다. 그런데도 교사들은 가르치고, 학급을 운영하고, 성적을 내느라 너무 바빠서 피드백과 성찰에는 관심을 충분히 쏟지 못하고 있다.

교사들이 단순한 가르치는 사람이 아니라 코치로, 비평가 친구로, 아이디어를 시험해볼 수 있는 대상으로서의 역할에 시간을 더 투자한다면 학생들과 더 깊은 유대를 맺을 수 있을 뿐 아니라 지속적으로 목표, 역량, 평가 도구를 학생들에게 더 명확히 인식시킬 수 있을 것이다.

교과 지식을 가르치느냐,
문제를 해결하는 데 필요한 사고방식을 가르치느냐는
서로 대립하는 목표가 아니라 함께 추구해야 할 목표다.

7장

**개별 맞춤형
학습 문화를 조성하자**

어떻게 하면

교실, 학교, 교육 시스템을

학생이 주도하는 개별화된 학습 환경으로 바꿀 수 있을까?

많은 이들이 개별 맞춤형 학습에 전념한다고 주장하지만, 대부분은 현실과 동떨어져 있다. 우리는 교육자들이 마음습관 같은 '소프트 스킬soft skills(타인과 협력하는 능력, 문제 해결력, 감정을 조절하는 능력, 의사소통 능력, 리더십 등을 말함)'의 중요성을 내세우면서도, 정작 태도나 성향을 발달시키는 교육에 대한 그들의 관심이 학습 방식을 표준화하려는 욕구에 밀려나는 사례를 숱하게 목격한다. 교사의 머릿속에 든 생각과 학생들의 머릿속에 든 생각, 그리고 학교 개혁을 부르짖는 주별, 월별, 연도별 미사여구에 담긴 내용 사이에는 큰 괴리가 있다.

개별 맞춤형 학습을 제대로 유지하려면(그런 미사여구를 현실로 바꾸려면), 학교는 효과적인 사고와 소통을 위해 의도적으로 마음습관을 사용하면서 교육 체계 전반에 걸쳐 꾸준히 협력하는 문화적 변화에 힘을 쏟아야 한다. 이런 습관들은 학생들이 학교 안팎에서 복잡한 문제, 도전, 과제를 성공적으로 해결하는 데 중요하게 작용한다.

이번 장에서는 개별 맞춤형 학습에 진정성 있게 전념하는 모습은 어떤 것인지, 즉 그런 움직임이 교실, 학교, 교육 체계에서 어떤 식으로 실현되며 전체 문화를 어떻게 바꾸는지를 살펴볼 것이다.

맛보기에서 전면적 도입으로

교사들이 개별 맞춤형 학습으로 교육의 방향을 바꾸어 나가는 건 학습자들이 더 깊은 사고를 통해 교육과 인생에서의 성공에 도움이 될 습관을 만들었으면 하는 바람에서다. 이때 교사의 기대는 학급 문화에 영향을 미치기 때문에 교사는 학생들에게 어떤 행동을 기대하는지를 명확히 해두어야 한다. 위스콘신에 있는 개별 맞춤형 학습 연구소 소장인 제임스 릭카바우James Rickabaugh는 이 과정을 "학습과 교수 과정 내에서 학생들의 리포지셔닝repositioning"이라고 일컫는다 (2016). 학생들이 문화를 형성하는 데 더 적극적으로 참여하면 학습에 매진해야 할 책임감을 더 많이 느끼게 된다.

그런 과정에서 교사들도 '리포지셔닝'을 거친다. 퍼킨스Perkins와 리스Reese는 변화를 맞이하는 교사의 다양한 대응 방식을 다음과 같이 설명한다(2014).

우리는 공동체의 전 구성원이 일치단결해서 열정적으로 이런 새로운 변화를 위해 노력하는 사례를 단 한 번도 본 적이 없다. 어느 상황에서든 열렬히 지지하는 사람이 있는가 하면 회의적인 시선으로 바라보는 사람도 있고, 남보다 먼저 수용하는 사람이 있는가 하면 뒤늦게 받아들이는 사람도 있다. 완전히 몰두하거나, 반쯤만 몰두하거나, 살짝 맛만 보거나, 당분간은 그냥 지켜보기만 하는 사람까지 구성원들의 참여도는 다양하게 나타난다.

우리가 진행했던 비공식적인 연구에 따르면 교사들은 전통적인 교육 방식에서 개별화된 교육 방식으로 변화하는(즉 '맛보기'에서 '전면적인 도입'으로 바뀌는) 과정에서 일반적으로 네 가지 단계를 거친다. 표 7-1에는 그 네 단계에서 교사들이 고민하는 질문들의 목록과 캘리포니아에 있는 공립 중학교인 비스타 이노베이션 앤 디자인 아카데미 Vista Innovation and Design Academy 교사들이 그런 질문 중 몇 가지에 답한 내용이 나와 있다.

비스타 이노베이션 앤 디자인 아카데미 교장인 에릭 차갈라Eriv Chagala는 디자인 싱킹Design thinking과 프로젝트 기반 학습을 활용해서 학습을 개별화하는 작업을 동료 교사들과 함께 했다. 그는 아직은 진행 과정이어서 완전히 자리 잡은 건 아니지만, 그럼에도 불구하고 지난 2년간 이미 상당한 성과를 거두었다고 설명했다.

이제는 교사들이 정해진 커리큘럼에 따라 아이들을 힘들게 끌고 가지는 않습니다. 아이들에 맞춰 개별적으로 지도할 경우, 학생들은 자기 효능감을 더 많이 느끼고, 보다 진지하게 자신을 성찰하고, 다른 사람들 앞에서 자기가 배운 것을 이야기하고 싶은 의욕을 느낍니다. 그리고 배움에 관심을 갖고, 비로소 배움의 가치를 느끼지요.

표 7-1 개별 맞춤형 학습 도입의 네 단계

1단계	
핵심 질문	· 개별 맞춤형 학습이란 무엇인가? · 시작 단계에서 내게 어떤 변화가 필요한가? · 학생들이나 나 스스로를 돌아볼 때 어떤 변화가 필요하다고 느끼는가? · 우리 반 학생들은 현재 학습에 얼마나 많이 노력하고 있는가? 나는 학생들의 교육을 위해 얼마나 많이 노력하고 있는가?
교사 답변	내가 생각하는 개별 맞춤형 학습은 정성스럽게 교육과정을 준비한 교사의 지도에 따라 학생들이 탐구하고 조사하는 활동이다. 　　　　　　　　　　　　　　　　　　　　　　　　　　　　　　　　　　－ 안젤라 타운센드 교사는 명확한 교육 목표를 규정하고 확립하면서 학생들에게 그런 목표를 달성할 다양한 방법을 제공한다. 개별 맞춤형 학습 체계에서는 교사가 일률적인 학습에 대한 기대와 통제를 내려놓아야 한다. 　　　　　　　　　　　　　　　　　　　　　　　　　　　　　　　　　　－ 데이비드 루이즈

2단계	
핵심 질문	· 내가 머릿속으로 그리는 개별 맞춤형 교실은 구체적으로 어떤 모습이며 어떤 느낌인가?
교사 답변	적극적으로 참여하는 학생들은 주인의식이 있어서 동기를 크게 자극하지 않아도 과제를 완수한다. 학생들의 참여 덕분에 수업 계획에 투자하는 교사의 노력은 몇 배의 성과를 낳는다. 그래서 (전통적인 교실 환경과는 다르게) 학생에게 필요할 때 일대일로 논의하고 고민할 시간적 여유가 있다. 　　　　　　　　　　　　　　　　　　　　　　　　　　　　　　　　　　－ 실비아 브라운 개별 맞춤형 학습의 가장 중요한 측면 중 하나는 지식을 탐구하는 과정을 학생이 책임 있게 주도한다는 데 있다. 그러려면 교사 주도의 전통적인 교육 방식에서 학생의 창의적인 '의견과 선택'을 허용하는 교육으로의 패러다임 전환이 필요하다. 교사들은 학생 저마다의 학습 경로를 보다 열린 태도로 받아들이고, 성공을 향한 여정에서 학생에게 긍정적인 격려를 건네는 멘토나 코치의 역할을 맡아야 한다. 　　　　　　　　　　　　　　　　　　　　　　　　　　　　　　　　　　－ 마이크 에이벤

교사들이 우리가 설명해온 개별 맞춤형 학습에 대해 이야기하기 시작하는 것은 그들이 교실 문화를 바꿀 새로운 교육 방식을 실행하기 위해 다리를 건너고 있음을 의미한다.

3단계	
핵심 질문	· 변화하는 과정에서 학생들은 개별 맞춤형 학습의 이상을 어떻게 키워 나가고 있는가? · 학생들은 교실에서 각자의 목소리를 어떻게 키워가고 있는가? · 학생들은 급우들이나 어른들과 어떤 식으로 공동 창조하고 있는가? · 사고를 사회적으로 구성하기 위해, 다른 분야의 전문성을 어떻게 활용하고 있는가? · 학생들은 자신에게서 성공적인 학습자로 발돋움하는 데 도움이 되는 어떤 점을 발견해 가고 있는가? · 그 증거를 어떻게 수집해야 할까? · 그 증거를 학부모들에게 어떻게 전달해야 할까?
교사 답변	이제 과제는 학생들 자신과 분리된 것이 아니라 그들의 정체성을 표현하는 수단이 되었다. 학습 과정에서 자아를 드러낼 수 있으면 교사와 학생들이 서로에 대해 더 많은 것을 알아갈 수 있다. 개별 구성원의 해석을 모은(사회적으로 구성된) 지식이 있으면 어떤 주제가 됐든 더 깊이 이해할 수 있다. ― 데이비드 루이즈 학생들이 공부를 전보다 더 편하게 받아들이는 것 같다. 이제는 공부가 자기 자신의 일이 되었기 때문에 학생들은 각자의 열정을 키우고, 학습 동기를 스스로 찾는다. 학생들이 완수한 최종 결과물뿐 아니라 지나온 과정을 함께 보여주는 것이 아마도 학부모들과 소통할 최선의 방법일 것이다. 우리는 학생들의 작품을 모아서 '과제물 전시의 밤'을 열었는데, 학부모들이 학생들의 성과를 직접 확인할 좋은 기회가 됐다. 성적만으로는 학생이 밟아온 배움의 여정을 절대 알 수 없다. 배움은 그들이 만들고 연구한 활동을 통해 드러난다. ― 안젤라 타운센드 예전에는 교사인 내가 정보를 전달하고 학생들은 수용하는 식으로 수업을 진행했다. 그러나 지금은 내가 학습을 촉진하고 학생들은 각자의 관심에 따라 학습 내용을 적용하고 확장하는 식으로 수업이 이루어진다. 이제 학생들은 자신이 선택한 방향이 프로젝트 가이드라인에 부합하고 내용을 더 잘 이해하는 데 도움이 되는지 교사와 확인하면서 공동 창조해 나간다. ― 실비아 브라운

4단계	
핵심 질문	· 교육 방식을 개별 맞춤형으로 바꾼 결과로 학생들의 실력이 더 나아졌거나 달라졌는지 여부를 어떻게 알 수 있는가? · 어떻게 하면 지속적으로 성장하고 더 발전시킬 수 있을까? · 학부모들과 학생들은 이 변화를 어떻게 생각하는지 어떻게 알아봐야 할까? · 지금 수집하는 데이터를 향후의 발전 과정을 지속적으로 확인하는 데 어떻게 활용할 수 있을까? · 학교 전체가 체계적으로 사고할 수 있도록 내가 습득한 사실을 동료 교사들과 공유하려면 어떻게 해야 할까? · 변화가 시작된 이후에 내 업무량에는 어떤 변화가 있었는가? · 학습의 결과로, 행동으로 실천하는 학생들이 더 많아졌는가? 학생들이 더 적극적으로 참여하는가? · 어떻게 하면 학생들이 이런 긍정적인 변화를 나 말고 다른 사람들에게 알리게 할 수 있을까?
교사 답변	개별 맞춤형 학습 프로그램을 시범적으로 도입했던 첫 분기가 지난 뒤, 나와 내 동료들이 느낀 가장 큰 변화는 이 취지에 동조하는 학생들이 크게 늘었다는 사실이다. 아직은 갈 길이 많이 남아 있지만 우리 학교 학생들 대부분은 적극적이고 주도적으로 학습에 참여하고 있다. 심지어 지금껏 성적이 안 좋았던 학생들 중 상당히 많은 학생들이 열정과 더 큰 책임감을 느끼기 시작했다. 이 과정에서 중요한 요소는 모든 학생들이 배운 것을 발표하는 공개 발표와 전시회다. — 로리 벅클리 교사 중심의 일차원적인 학습에서 학생 중심 학습으로 하룻밤 사이에 바꿀 수는 없다. 내 경험에 따르면 학생들이 더 많이 참여하고 자녀들이 과제를 수행하는 모습을 보고 학부모들이 큰 만족과 기대를 표현한다면, 올바른 방향으로 가고 있다고 짐작할 수 있다. 학생들이 혼란스러워 하거나 목표를 충족하지 못하는 과제물을 제출한다면, 방향을 재조정하고 학습 목표를 더 알아듣기 쉽게 설명해야 할 때다. — 데이비드 루이즈

개별 맞춤형 수업이 진행 중인 학교라면

변화를 향해 자전거의 페달을 밟아가는 동안에는 학교의 일상적인 업무와 의무에 휩쓸려서 자칫하면 경로에서 이탈할 수 있다. 그럴 때 속도를 줄이고 주의를 환기시키는 데 도움이 될 여섯 가지 사항을 소개하려고 한다. 각 사항을 설명한 뒤에는 그와 연관된 마음습관을 함께 적어두었다.

러닝머신에서 내려오자

사람들은 때로 목적도 없이 무작정 달린다. 심지어 속도를 더 높이기도 하지만 그렇다고 목적 있는 무언가를 달성했다는 뜻은 아니다. 그럴 땐 잠시 그곳에서 벗어나서 목적이 무엇인지를 규정해야 한다. 무엇을 성취하려고 하는가? 차분히 앉아서 성찰 일지를 쓰면서 무엇을 하고 있고, 왜 그것을 하고 있는지를 설명해본다. (마음습관 : 질문하고 문제 제기하기)

잠시 멈춰서 여유를 갖고, 주위를 둘러보자

숨을 깊이 쉬면서 안정을 취할 방법을 찾는다. 어색한 침묵을 깨려고 들지 말고 잠시 고요한 시간을 보낸다. 시인 에이드리언 리치 Adrienne Rich는 "창조의 충동이 시작되는 건 ··· 침묵의 터널에서다"라는 말을 남기기도 했다(2002). 침묵과 성찰의 시간에 어떤 질문이 떠오르는지 주의를 기울여라. 그런 질문에 어떤 식으로 대답하겠는가? 답을 찾아 나가겠는가? (마음습관 : 모든 감각을 동원해서 자료 수집하기)

무언가에 호기심을 느껴보자

어디에 관심이 생기는가? 궁금증을 일으키는 대상(아이디어, 문제, 도전,

주제, 글, 안건)을 찾고, 떠오르는 아이디어를 생각해본다. 그 주제에 깊
은 관심이 생기는 것은 무엇 때문인가? 세계를 바라보는 스스로의
인식이 일련의 정보와 아이디어와 어떻게 연결되는가? 이와 관련해
어떤 점이 연상되는가? (마음습관 : 창조하기, 상상하기, 혁신하기)

영감을 얻은 아이디어를 실제 행동으로 옮기자

질문을 만들고, 문제를 규정하고, 아이디어를 생각해 내고, 그 다음

표 7-2 영감을 행동으로 옮기는 과정

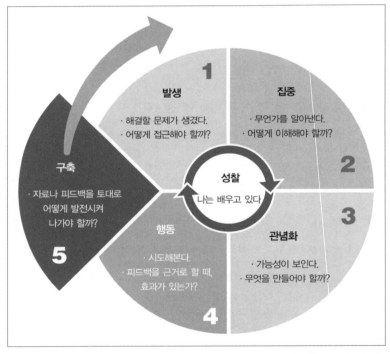

출처 : Learning Personalized: The Evolution of the Contemporary Classroom (p. 61), by A. Zmuda, G.
Curtis, and D. Ullman, 2015, San Francisco: Jossey-Bass. Copyright 2015 by Jossey-Bass.

에는 행동에 나선다. 아이디어를 실현 가능한 무언가로 만들 때 표 7-2를 참조하면 도움이 될 것이다. (마음습관 : 자기 생각에 대해 생각하기)

세상에 도움이 되는 일을 하자

아이디어를 굳이 교실로 국한할 필요는 없다. 자신이 하는 일이 타인의 삶과 일을 개선하는 데에 어떤 영향을 끼치는가? 지금 추진하는 일이 일단 세상에 모습을 드러낸 뒤에는 다른 사람들과의 상호작용을 통해서 어떻게 지속적으로 발전시켜 나갈 것인가? 다른 사람들에게 받은 피드백이 앞으로 더 발전하고 새로운 아이디어를 얻는 데 어떤 긍정적인 자극을 줄 것인가? (마음습관 : 정확하고 명료하게 생각하고 대화하기)

여정을 기쁘게 받아들이자

우리는 종종 목표에 온 신경을 빼앗긴 채 전전긍긍한다. 한편 무언가를 진행해 나가는 동안 관심의 초점을 바꾸는 새로운 열망이나 색다른 아이디어를 우연히 발견하기도 한다. 그 과정에 머릿속에 떠오르는 질문, 도중에 습득하거나 새롭게 갈고 닦은 능력, 배운 것을 처리하는 방법들도 최종 목표만큼이나 중요하다. 이 경험을 통해 무엇을 배웠는가? 그 여정을 어떻게 기쁘게 받아들일 것인가? 그 다음에는 무엇을 할 것인가? (마음습관 : 경탄하는 마음으로 받아들이기)

공동체에 대한 존중

학생들이 교사의 격려 속에 학교 담장에서 벗어나 지역 사회의 조직, 직원, 전문가들과 실제 프로젝트를 함께 진행하면서 실무 경험을 쌓고, 개인적으로나 그룹을 이루어 전 세계 여러 사람들과 어우러져 활동하느라 학교에 모습을 드러내지 않거나 반 친구들과 함께하지 못하는 시기도 있다.

이런 변화와 유동성 때문에 학생과 학교 공동체의 연결 고리가 약해지는 의도치 않은 결과가 초래되기도 한다. 많은 학생들에게 학교는 각자의 삶에서 가장 꾸준하고 안정적인 곳이다. 또한 조언하고, 상담하고, 가르치고, 그 과정에서 함께 배우는 자상하고 사려 깊은 어른들이 있다는 확신을 느끼는 유일한 장소가 바로 학교다. 학생들의 활동을 더 넓은 세계와 연결한다고 생각하면 가슴이 설레지만 우리는 학교라고 불리는 장소를 명확히 해두어야 한다는 사실도 명심해야 한다. 학생들에게는 학교라는 공간과 공동체에 대한 의식이 필요하다.

학생들 각자가 자신의 속도와 수준에 맞게 배우고 흥미와 열정을 찾을 수 있는 학교 환경이 마련되었더라도, 학생들에게는 사회적 환경 또한 필요하다. 학생들은 같고 다름이 공존하는 사회에서 살아가는 법을 배우고, 지역적인 시각이나 전 세계적인 시각에서 사고하는 법을 배워야 한다. 또 어떤 의도인지를 심사숙고하고, 서로 다른 의견으로 논쟁하는 법도 배워야 한다. 학생들은 해당 지역, 도시, 국가, 세계의 일원이다. 그러므로 학교 문화는 모든 구성원들의 상호

협력적인 사고의 가치에 대해 학생들과 소통하고 강화해야 한다.

학교 리더와 마음습관

학습 공동체가 학생들의 교육을 위해서 넓고 깊은 안목으로 고민하기로 뜻을 모으는 과정에서는 마음습관에 해당하는 요소 하나하나가 모두 중요하다. 교장과 교감을 비롯한 학교 리더들은 다음과 같은 마음습관을 실천해야 한다.

- 다른 학교를 방문하고, 널리 알려진 책을 연구하고, 스카이프로 전국 또는 전 세계 사람들과의 대화에 참여하면서 지속적인 배움에 열린 마음 자세를 갖는다.
- 선택 가능한 다른 의견을 고려하면서 유연하게 사고한다.
- 학습 공동체 내의 다양한 관점을 고려하면서 이해하고 공감하는 마음으로 듣는다.
- 새로운 방식이 소기의 효과를 내는지 확인 방법을 결정하는 과정에 정확성과 정밀성을 기한다.
- 계획 단계에서 창조하고, 상상하고, 혁신한다.
- 공동체와 동떨어진 전문 용어의 사용을 자제하면서 정확하고 명료하게 생각하고 대화한다.

학교의 리더는 모든 학생들이 실천하기 바라는 태도와 활동에 대해

본보기가 되어야 하며, 학교에서 새로운 기준으로 삼고자 하는 마음
습관을 널리 알려야 한다. 마음습관과 관련해서 관리자들이 밟아 나
갈 수 있는 행동 단계와 그와 관련해 우리가 느낀 내용을 표 7-3에
정리했다.

1단계 : 다른 관점을 고려하기

코네티컷 맨체스터의 공립학교 관리자들과의 회의에서 1단계에 해

표 7-3 학교 리더 입장에서 본 개별 맞춤형 학습으로의 변화 과정

행동	마음습관	의견
1단계 다른 관점도 고려하는 법을 배우고 개별 맞춤형 학습에 대한 우려를 자유롭게 표현할 분위기를 만든다.	· 이해하고 공감하는 마음으로 듣기 · 질문하고 문제 제기하기 · 유연하게 사고하기	교직원 회의나 지역사회 모임에서 여기 나열한 마음습관을 기본 규칙으로 삼도록 요청할 필요가 있을 수 있다. 회의에서 참가자들이 프로토콜을 활용해서 회의를 진행해 나가면 다양한 목소리를 듣는 활동을 더 원활하게 진행할 수 있다.
2단계 지금부터 5년 후에 학교가 어떤 모습일지를 상상해본다. 이상향을 그리고 다른 사람들과 공유한다.	· 창조하기, 상상하기, 혁신하기 · 위험부담이 있는 모험을 하기 · 유머를 찾기	전통적인 방식에서 자유롭게 벗어날 수 있어야 하는 때이다. 반드시 재밌고 즐거운 분위기가 형성되도록 격려해야 한다.
3단계 진행 상황을 대중과 학습 공동체에 알린다.	· 정확하고 명료하게 생각하고 대화하기 · 정확성과 정밀성을 기하기 · 모든 감각을 동원해 자료 수집하기 · 지속적인 배움에 열린 마음 자세 갖기	모든 이들이 나아갈 방향을 확실히 인식할 수 있도록 이상향을 적절히 수정하고 공유해야 한다. 이 시점이 되면 모든 사람들이 앞으로 향해 가는 길을 이야기하는 스토리텔러가 된다.

출처 : Source: Copyright 2017 by Bena Kallick and Allison Zmuda

당하는 조치를 중점적으로 논의했다. 1단계는 다양한 시각에서 나온 우려와 걱정이 표면화되도록 유도하는 과정이다. 각자 학교에서 다양한 지위와 역할을 맡고 있는 회의 참가자들에게 우선 '우리 학교에서 개별 맞춤형 학습이 실행되기를 바라는가? 그렇다. 하지만

표 7-4 개별 맞춤형 학습 도입과 관련한 우려

문화	성장
· 일부 교사들은 모든 학생이 주도적 학습 능력을 갖춘 것은 아니라고 믿는다. · 위험을 무릅쓰는 것을 가치 있게 여기는 학급 풍토여야 한다. · '지금껏 우리가 해왔던 방식'이라는 생각에 갇혀 있다. · 학생들이 각자 행동에 책임을 지고, 교훈을 배워야 한다고 믿는다. · 조직에 뿌리 내린 믿음을 바꾸는 방법에 대해 우리는 무엇을 알고 있는가? · 우리 학군에서 이상적인 문화는 무엇이고, 실행 가능한 조건은 무엇인지 확실히 밝힐 수 있는가?	· 우리가 어떻게 지속적인 성장과 학생의 자기 성찰을 촉진하는 방식으로 구체적인 피드백을 제공할 것인가? · 교사들의 역량과 성장을 어떻게 지원할 것인가? · 일부 교사들은 학생들이 특정 영역의 활동에 참여하지 않아서 애를 먹기도 한다. · 학생들이 의미 있는 대화를 나누려면 조리 있게 말하는 법을 배워야 한다. · 학생들의 사고 수준을 더 높이려면 교사들이 질문하는 능력을 키워야 한다. · 교감들이 교내에서 교육 리더가 될 수 있게 지원할 성장 계획이 필요하다. · 직원, 학생, 가족들과 함께 우리 학군의 새로운 교육을 어떻게 지원해 나가고 있는가?

시간, 정책	자료, 연구
· 일부 교사들은 이런 방식을 충실히 적용할 시간이 없다고 생각한다. · 신입 교사들은 경험 많은 교사들보다 시간과 추가적인 지원이 더 필요하지 않을까? · 시 단위의 교육 행정 기관에서 권장하는 수업 시간이 자기주도 학습 방식과 배치되는 부분이 있는 것 같다. · 관련 법규는 현재와 같은 체계와 정책이 필요하다. · 주어진 시간을 어떻게 활용하고 어떻게 효율적으로 운영할 것인가?	· 성장 분야를 진단할 정보를 어떻게 수집하고, 교육 프로그램을 바꾸는 데 그 정보를 어떻게 활용할 것인가? · 학생들은 분명하게 정해진 지침을 받는 식으로 설계된 수업이 아닌 개별 맞춤형 지도 방식에서 도움을 얻는다. · 규율을 강조하는 모델을 지지하는 연구는 무엇인가?

… '이라는 질문이 적힌 설문지를 나누어 주고, 각자 염려하는 점을 그 밑에 적도록 했다. 이는 개별 맞춤형 학습에 '올인'해왔던 열성적인 교육자들에게서 공동체에서 더 큰 비율을 차지하는 구성원 집단(‘맛보기’ 수준으로만 참여하면서 그간 소외감을 느끼다가 이제 각자의 생각과 우려를 표현할 수 있게 된)으로 개별 맞춤형 학습의 중심 동력을 이동시키는 중요한 활동이다.

앞서 언급한 회의에서 참가자들은 함께 모여서 사람들이 대답한 내용을 검토하고, 어떤 유형의 우려를 표시했는가에 따라서 '문화, 성장, 시간, 정책'의 네 가지 카테고리로 분류했다. 그리고 각 공동체가 개별 맞춤형 학습에 전념할 가능성을 분명히 밝히는 데 도움이 되는 질문들을 제기했다. 표 7-4는 이 공동체가 얼마나 주의 깊게 듣고, 질문하고, 문제를 제기했는지를 보여준다.

사람들이 표명한 우려를 많은 사람들에게 공개하며 함께 고심하는 과정은 효과적으로 사고하고, 문제를 해결하는 문화를 형성하는 데 강력한 토대가 될 수 있다.

2단계 : 미래의 상황을 마음속에 그리기

지금으로부터 5년 뒤를 상상해보는 2단계에서는 아이디어를 떠올리려고 해도 생각처럼 잘 안 될 때가 많다. 이때는 여러 방법을 동원해 회의 참가자들이 긴장을 풀게 한다. 새로운 아이디어를 받아들일 열린 마음 자세를 촉진하려면, 학생들을 가르칠 때 주로 활용하는 메이커 스페이스Maker space(3D 파일과 다양한 재료들로 원하는 사물을 즉석에서 만들어낼 수 있는 작업 공간-옮긴이)나 이노베이션 랩innovation lab 환경을 회의 참가자들에게 제공하는 것도 좋은 방법이다. 사람들이 아이디어를 장난스럽게 떠올리고 다룰 수 있는 분위기를 만들어라. 매직이나 사인펜, 도화지를 준비하고 인터넷에서 아이디어를 떠올리는 데 도움이 되는 자료를 찾아보게 한다(예를 들면, www.mindtools.com/brainstm. html).

그 밖에 많은 지역 학교에서 활용하고 있는 '디자인 씽킹design thinking' 전략을 회의에 도입해봐도 좋다. 디자인 씽킹을 활용할 경우 참가자들은 다음과 같은 과정을 거치게 된다.

- 공감하기
- 명확히 밝히기 서로의 의견을 경청하고, 질문이나 우려하는 점을 제기하면서 '공감'하고, '명확히 밝히기'
- 상상하기
- 프로토타입 만들기 아이디어를 이리저리 생각하고 전개해 보기
- 테스트하기 아이디어를 간단히 시험해 볼 방법을 찾기

디자인 씽킹에 대해 더 자세한 정보가 필요하면 다음 웹사이트를 참조하라. (http://dschool.stanford.edu/redesigningtheater/the-design-thinking-process.)

3단계 : 새로운 관점에서 이야기하기
우리는 교사들이 학생들의 열망을 진지하게 받아들이고, 학생들이

열정과 목적을 발견하도록 돕겠다는 의욕을 느끼기를 바란다. 물론 이런 목표는 많은 학교들이 학교 강령으로 흔히 내세우는 내용이지만, 실제로 이행하는 경우는 드물다. 오늘날 대부분의 학교에 가보면 학교 개혁과 변화를 논하는 모든 이야기는 교육 프로그램, 체계, 시간 활용, 자원, 성적 책임에 대한 논의에 묻혀 잘 들리지 않는다. 우리는 정책, 체계, 커리큘럼 중 어떤 유형의 변화가 되었든 학습에 필요한 과정, 태도, 성향을 함께 다루어서 문화를 바꾸지 않는 한 지속 가능하거나 실질적인 변화를 이루기는 불가능하다고 본다. 그런 측면에서 볼 때 꼭 필요한 요소 중 하나가 바로 '개별 맞춤형 학습이라는 미래상을 키워나가는 것'이다(Domenech, Sherman, & Brown, 2016).

체계의 단점을 지적하는 데 집중하기보다는 학교 공동체가 개별 맞춤형 학습을 수용하는 긍정적인 측면에 이야기의 초점을 맞추어야 한다. 그러려면 늘 해오던 똑같은 이야기를 되풀이하면서 단순히 등장인물만 바꾸거나 대본을 어설프게 손보는 방법은 통하지 않는다. 변화를 이루려면 현재와 미래를 이야기하며 대담한 행동으로 꾸준히 펼쳐나가야 한다. 교육자들이 시간표, 공간, 집단 조직, 사람들의 활용 방식을 바꾸는 용기 있는 행동을 추진하려면 공동체의 모든 구성원이 마음습관을 익히고 실천해야 한다.

우선은 목적을 정하는 것부터 시작해볼 수 있다. 왜 이런 이야기를 하고, 사람들에게 무엇을 알리고자 하는가? 그 다음에는 우리 이야기의 등장인물에 대해 생각해본다. 10년 전에 학교를 다니던 학생들이 아니라 지금 우리 앞에 있는 학생들이 주인공이다. 이 아이들의 미래를 그려보고, 학생으로서 그들의 열망과 꿈을 이야기해본다. 또 어떻게 하면 아이들이 공부를 삶의 즐거움으로 받아들이고, 그런 삶 속에서 스스로의 경험을 나누는 법을 배울 수 있을까를 이야기한다. 마지막으로는 고심하고 있는 질문과 성공에 대한 기원으로 마무리한다.

이렇게 해서 현재 우리가 품은 깊은 믿음이야말로 이 시대를 사는 학습자들을 위한 최선이며, 개별 맞춤형 학습의 네 가지 특성이 그 기본 구조를 제공한다는 사실을 보여주는 새로운 이야기가 만들어진다.

 목소리 우리는 여러 사람의 의견을 들으면서, 각자가 어떤 측면을 옹호하고 어떤 부분을 걱정하는지 발견해나간다. 자신의 생각이 다른 사람들에게 전달되는 과정을 목격하고, 반대로 전혀 몰랐거나 이해하지 못했던 타인의 의견을 열린 마음으로 듣는다. 그리고 다른 사람의 관점에서 세상을 본다는 것이 어떤 것인지를 상상하고 공감하는 기회로 받아들인다. 그러면서 문화 집단 내에서는 다양성이 강점이 될 수도 있다는 사실을 배운다.

 공동 창조 구성원들이 공유하는 미래상과 실행 방법에 대한 내용은 반드시 공동 창조해야 한다. 우리는 다음과 같은 푸념을 귀가 닳도록 듣는다. "이 지역 학군에서 미래상이라고

하면 교육청에서 정해서 전달한 지시 사항을 의미합니다. 우리는 전달받은 대로 따를 수밖에 없어요!" 모두가 머리를 맞대고 공동 창조하면서, 학생의 교육에 최선이 아닌 것은 내려놓고 개별화되고 학습자 중심인 체계를 계속해서 옹호하는 법을 조금씩 터득해간다.

 사회적 구성 우리는 이 여정을 진행하면서 공동 작업의 중요성을 발견한다. 다른 사람들이 개별 맞춤형 학습을 어떻게 해석하는지를 보기 전에는 우리가 무엇을 모르는지 알 길이 없음을 깨닫고, 전문가들에게도 협조를 요청한다. 또 모두가 목표를 명확히 이해하고 충실히 따를 수 있도록, 모든 구성원이 공유할 목표를 명확한 언어로 규정하려고 노력한다.

 자기 발견 이 여정을 통해서 우리는 자기 자신, 함께 일하는 사람들, 속으로 짐작했던 것과는 많이 달랐던 사람들에 대해서 더 많이 알아간다. 또 그동안 자각하지 못했던 맹점을 새로이 인식하고, 걱정하는 사람들의 의견에 어떻게 대응해야 하는지를 배우며, 문제를 해결하는 경험에서 각자의 강점을 깨닫는다. 그리고 조직 내 직분이나 직급에 상관없이 앞에서 이끌고 뒤에서 밀어주는 역할을 수행하는 방법을 배운다.

개별 맞춤형 학습을 시작하는 단계라면

내실 없는 활동은 그만 접고, 일단 시작하라

다른 사람들이 생각하는 개별 맞춤형 학습의 이상과 목표는 무엇이며 어떻게 성공적으로 도입했는지 알아보려면 책과 논문을 읽고, 여러 학교를 방문하고, 회의나 학회에 참석해야 한다. 하지만 다른 사람들의 생각을 기준으로 연구하고 계획하는 데에 치중하다 보면, 자기가 현재 속한 공동체의 재능이나 열망에 맞는 무언가를 만들고자 하는 의욕이 사그라질 수도 있다. 그럴 때는 실제로 해보고 부딪쳐 가면서 배우는 것이 어려운 질문들에 답하는 데 도움이 될 것이다.

6장의 표 6-1에서 계획 도구로 소개했던 나선형 피드백 모형을 활용해본다. 우선 '지금 가르치는 학생들에게 새로운 통찰을 일깨우려면 어떤 방법이 도움이 될까?'라는 질문으로 관련 목표를 정한다. 그 다음 나선형 피드백 모형 순서에 따라 질문해본다. 어떤 행동 계획을 세웠는가? 이해 당사자들이 협력해서 공동 창조하려면 계획 과정에 누가 참여해야 할까? 언제 어디서 시작할까? 선택한 접근 방식이 효과가 있는지를 알아보려면 어떤 데이터를 수집해야 할까? 설문 조사가 좋을까? 아니면 인터뷰나 과제 수행 성적이 더 나을까? 어떤 방식으로 배운 것을 돌아보고 성찰해야 할까? 성찰 과정에 누구를 참여시키면 좋을까? 어떻게 해야 사회적 구성의 기회를 확실히 조성할 수 있을까? 마지막으로 자기 자신과 학교, 학교의 노력에 대해 어떤 점을 알게 됐는가?

논의하는 중에는 목소리, 공동 창조, 사회적 구성, 자기 발견에 주목한다. 그에 덧붙여 진행 과정에서 어떻게 개별화하고, 상황에 필요한 성향을 활용하는지 주의를 기울인다.

다루기에 만만치 않은 측면을 계산에 넣어라

특히 다른 학교에서 개별 맞춤형 학습이 효과적으로 운영되는 모습을 보거나 그런 사례를 어디선가 읽었다면 새로운 계획에 대해서 잔뜩 기대하고 들뜨기 쉽다. 그럴 때는 고려해야 할 모든 질문에 답을 해봐야 하며, 과정이 혼란스럽고 다루기가 만만치 않다는 사실도 염두에 두어야 한다.

새로운 계획에 대해 조사할 때는 '만약 ~하게 된다면'이라고 가정하고 다음과 같은 질문을 떠올려 보는 것이 도움이 된다.

- 만약 수업 시작과 끝을 알리는 종소리가 없어서 학생들이 작업 중인 과제에 원하는 만큼 오래 집중할 수 있다면 어떨까?
- 만약 우리가 순전히 역량 중심으로 수업을 운영하고, 학생들은 각자의 속도에 맞게 학습할 수 있다면 어떨까?
- 만약 학년제를 완전히 없애면 어떨까?
- 만약 모든 학생들에게 개별적으로 IT 기기를 제공해서 세계 어느 곳의 정보나 아이디어에 접속할 수 있게 한다면 어떨까?
- 만약 학생들이 시간이나 장소에 구애받지 않고 각자 경험한 활동의 학점을 인정받을 수 있다면 어떨까?

- 만약 우리가 프로젝트 기반 학습에 주력하면 어떨까?
- 모든 학생에게 개별 맞춤형 학습 기회가 생긴다면 어떨까?

이와 같은 질문은 고정관념에서 벗어나서 보다 유연하게 사고하게 하고 창의력을 크게 자극하지만, 다른 한편으로는 불안정하게 만들기도 한다. 우리가 충동성을 잘 조절하고 변화에 대한 감정적 불안에 압도되지만 않는다면, 이런 과정을 통해 배우고 성장할 수 있다.

수업 시간표, 협력 과제를 하고 있는 집단, 교내와 교외에서 교육 활동을 허용하는 방식, 교사의 능력과 시간을 학생들이 최대한 활용하는 방법은 불가피하게 서로 영향을 주고받는다. 코네티컷 교육청은 최근 각 지역 학군들이 학생들의 요구와 흥미에 맞춘 역량을 개발하고, 학생들에게 주도권을 넘기고, 학생들의 교외 활동 기회를 확대할 수 있는 제도적 기반을 마련했다(2015). 주 교육청 당국자는 일단 그런 역량이나 학습 결과가 나오면, 각 학군들은 "학교 일정, 시간 활용, 학급 내 성적, 병행 교과 수업 참여, 기술 활용, 학년 단위의 현장학습, 우등생 명단, 성적 체계를 검토하고 경우에 따라서는 수정할 필요가 있을 것이다"라고 넌지시 덧붙였다.

그렇다면 이제는 학교 관리자들의 등골을 오싹하게 만들지 모를 질문으로 넘어가보자. '이 계획이 학생과 교사에게 모두 득이 될 것 같아 보이기는 하지만, 학교 운영 방식에 이 정도로 큰 혼란을 주어도 괜찮을 만큼의 가치가 있는가?' 물론 미국의 여러 주 중에는 이런 계획을 채택해서 현재의 운영 방식을 완전히 뒤바꿀 이유가 충분한 곳도 있을지 모르겠다. 그런 경우에라도 변화를 위한 이상적 목표를 이해하고, 학생들의 요구를 명확히 밝히고, 이 계획을 소규모로 시험해보기 전에 이해 당사자들의 의견을 듣는 과정이 필요하다는 사실을 주 정부 관리자들이 반드시 인식하고 있어야 한다.

처음부터 상황이 매끄럽게 흘러갈 것이라고 기대하지 마라

교실에 작은 변화를 주고, 학교에서 시험적인 프로젝트를 시작하고, 창의적인 활동을 위한 전용 공간을 구체적으로 정하는 등의 간단한 조치를 취할 때조차도 어느 정도의 위험 부담이 있어서 해방감과 불안감이 동시에 든다. 실천하는 동안 예측 가능하거나 불가능한 여러 문제를 겪으면서 배워가겠지만, 책임이 따르는 모험은 남을 이해하고 도우려는 마음에서 출발해서 발전과 성장으로 귀결한다.

사람들은 개별 맞춤형 학습이라는 모험에 뛰어들면서 열정에 넘쳐서 처음에는 어설픈 실수를 저지르기도 한다. 그럴 때는 애매모호한 상황을 헤쳐 나가고 불확실한 상황에 대응할 준비가 필요하다. 사람들이 모험에 나서지 못하고 몸을 사리는 것은, 실패할 경우 미래의 잠재적인 이익이 사라질까봐 두렵기 때문이다. 직접 해보면서 맞닥뜨리는 골치 아픈 과정을 밟아 나가기보다는 기존에 해오던 절차를 그대로 따르는 것을 더 편하게 여긴다. 그런 상황에서 우리가 받아들여야 할 도전은 책임이 따르는 모험을 하는 법을 배우고, 한 번에 한 가지 모험을 하면서 기대감과 안정감 사이의 균형을 맞춰나가는 것이다.

자신의 아이디어에 도취되지 마라

맨 처음에 들었던 생각이나 상상에 푹 빠져서 헤어나지 못하는 경우가 종종 있다. 자기가 생각한 대로 실현되기만 하면 모든 것이 착착 맞아떨어질 것이라고 꿈꾼다. 그렇게 꿈을 실현할 방법에 몰두할 경우 피드백을 듣고, 데이터를 주의 깊게 살피고, 목표와 행동을 수정하는 데 신경 쓸 여지가 줄어들 수밖에 없다.

'이해하고 공감하는 마음으로 듣기'와 '유연하게 사고하기' 같은 성향이 이런 초기 단계에 꼭 필요하다. 핵심 이해 당사자들(학생, 학교 교육위원회, 노조 대변인, 교사와 학부모 연합 단체)의 동의를 얻으려면 유연성 있는 태도가 필요하다. 그래야 이해 당사자들을 함께 노력하는 공동 창조자들로 만들어서 그때까지 인식하지 못했던 쟁점들을 파악하고, 그들의 견해와 재능을 활용하고, 그들이 더 적극적으로 참여하고 꼭 필요한 자원을 제공할 길을 열 수 있다. 이들의 참여를 권유하면서 계획을 설명할 때에는 어떤 부분은 특별한 제한이 없어서 유동적이지만 어떤 부분은 필수적이어서 변동 불가능하다는 사실을 확실히 밝혀야 한다.

무엇에 전념하고 있는지를 명확히 전달하라

반드시 직접 모여야만 사람들의 의견을 들을 수 있는 건 아니다. 설문을 실시하거나, 교실과 학교를 어떻게 만들어 가려고 노력하고 있는지를 설명하는 글을 통해 핵심 이해 당사자(학생, 직원, 학부모나 그보다 더 넓은 공동체)들의 논의를 유도하는 방법도 있다.

다음 두 가지 예를 살펴보자. 첫 번째는 표 7-5에 제시된 원칙들로 대면 토론이나 학생들의 가상 토론에 사용할 수 있다. 이 접근 방식에서는 참가자들이 여덟 가지 원칙을 자세히 읽고 "이 질문이 개인적으로 어떤 의미가 있습니까?"라거나 "왜 이것이 중요하지요?"라는 질문에 답하는 활동이 포함된다. 이런 활동은 사람들이 개별

표 7-5 인생 교육 선언

1. 교육은 학생들이 삶에서 실제로 접하는 문제를 잘 해결해 나갈 준비를 시키는 과정이어야 한다. 모든 학생들이 교육을 통해 곤란한 상황을 해결하고, 어려운 내용을 배우고, 중요한 문제를 명확하고 윤리적으로 생각할 줄 아는 사람으로 성장할 수 있어야 한다.

2. 학교는 함께 어우러져 사는 법과 서로 같고 다른 점을 존중하는 법을 배우는 장소의 본보기가 되어야 한다.

3. 우리는 학교가 지금과는 달라질 수 있고, 그렇게 되어야 한다는 열정적인 믿음으로 힘을 모아 널리 알려야 한다. 의기소침한 분위기에 빠져 있지 말고, 21세기 교육은 어때야 하는가에 대한 이야기를 바꾸어야 한다.

4. 아이들이 이 세상에서 성공하려면 언어, 수리, 지식을 갖추는 것만으로는 부족하다. 그 외에 호기심, 투지, 상상력, 자기통제 같은 내면적인 자질도 필요하다.

5. 최선을 다해서 무언가를 만들거나 통달하면서 깊은 자신감을 느낀 아이들은 시험장이나 삶의 무대에서 주의 깊은 생각과 자기 수양의 습관을 실천한다.

6. 우리는 어떻게 해야 학생들이 자신의 기질을 발전시켜서 사려 깊은 시민이 되겠다고 용기를 낼 수 있게 할지를 설명하고 기록할 방법을 찾아야 한다.

7. 학생들을 속속들이 잘 알고, 발전의 증거 중에 어떤 것이 믿을 만한 것인지 아는 교사의 능력을 키우는 데 투자해야 한다. 교사들의 역량을 전문적이고 수준 높게 발전시키는 것은 21세기 교육 발전의 필수 요소다.

8. 우리는 모든 학생들의 재능을 인정해야 한다. 아이들 모두가 대학을 목표로 하지는 않으며, 그래야 할 필요도 없다. 물리적이고 실제적인 분야(무언가를 하고, 만들어 내고, 손으로 정교하게 만들거나 꾸미고, 고치는 등)에 재능과 흥미가 있는 사람들이 논쟁하고, 글을 쓰고, 계산을 하는 데 소질이 있는 사람들보다 덜 똑똑하거나 존경받을 가치가 덜한 것이 아니다. 사실은 범위가 넓고 실용적인 문제 해결이나 프로젝트 과제가 학업보다 학습에 더 효과적으로 작용하는 긍정적인 성향을 발전시키기도 한다. 학문 연구는 훌륭한 능력이지만 기계를 고치는 기술도 똑같이 훌륭한 능력이다. 지금이 아무리 디지털 시대라지만 숙련되고 솜씨 있는 정비공은 여전히 철학자들보다 더 많이 필요하다.

출처 : From Dispositions: Reframing Teaching and Learning (p. 154) by A. Costa and B. Kallick, 2014, Thousand Oaks, CA: Corwin. Copyright 2014 by Corwin.

맞춤형 학습에 대한 생각을 분명히 표현하는 데 도움이 된다.

두 번째는 텍사스 휴스턴에 있는 퍼 고등학교(Furr High School)의 사례다. 이 학교에서는 교사들이 지역사회 구성원들과 함께 학습 서약을 만들었다. 표 7-6처럼 이 서약은 돌봄, 책임, 개별 맞춤형 학습을 핵심 가치로 삼으며 최종 회의에서 모든 참석자들의 동의를 받아 통과되었다. 현재 이 서약은 학교에 입학하는 학생들이나 처음 부임한

표 7-6 학교 철학과 윤리 규범

서약서

퍼 고등학교

철학과 윤리 규범

아이들의 소중한 가치와 아이들의 보다 나은 삶과 우리 모두의 미래를 위한
지식과 배움의 필요성에 대한 믿음으로 퍼 교육 공동체의 부모, 교직원, 학생들은
우리 공동체의 핵심 가치를 다음과 같이 규정한다.

돌봄의 지속성
보살피고 표현한다

친절, 유머, 봉사, 공감, 충실, 신념, 인내, 신뢰, 자신과 타인에 대한 존중, 개인의 가치와 존엄

공동체 구성원의 책임
권장하고 행동으로 옮긴다

책임, 봉사, 진취성, 참여, 끈기, 신뢰성, 자기 수양, 지적 수양, 협력과 소통

학습 지도의 개별화
각 공동체 구성원의 가치를 인식한다

고유의 역할과 특별한 성취, 뛰어난 영향력과 기여

출처 : 텍사스 휴스턴 퍼 고등학교

교직원들에게 배부되며, 매년 갱신되고 재승인을 받는다.

학교가 학생들에게 어떤 느낌을 주는지 냉정한 시선으로 관찰하라

매일 내주는 숙제, 주제, 아이디어, 탐구에 대한 흥미 정도를 살펴서
학교가 어떤 식으로 느껴지는지를 학생, 교직원, 학부모, 이렇게 서
로 다른 세 관점으로 날마다 확인한다.

그랜트 위긴스Grant Wiggins는 학생들의 참여도와 학습의 진정성에
큰 호기심을 갖고 연구를 진행하면서 학생 설문지를 만들었다. 그의
인터넷 웹사이트에 가보면 중학교와 고등학교 학생을 대상으로 한
설문 조사와 결과에 대한 그의 의견을 찾아볼 수 있다(https://grant
wiggins.wordpress.com/2011/11/17/the-student-voice-our-survey-part-1/).

그 밖에 콜로라도 교육 계획(Colorado Education Initiative)의 학생 인식
설문 도구도 참고할 만한 유용한 자료다(www.coloradoedinitiative.org/
studentsurvey/를 참조하라).

나선형 피드백 모형과 지속적인 학습

개별 맞춤형 학습 문화에서는 비판과 평가가 전 과정에 포함된다는
점에서 변화에 대한 강한 의지를 읽을 수 있다. 참가자들은 이루고
자 하는 목표, 가치, 목적, 결과를 밝히고 재검토하며, 실천 방식이
문화적 특성에 부합하는지 항상 주의를 기울인다.

나선형 피드백 모형은 학교 문화를 변화시키는 데 영향력이 큰 모

델이다. 이 모형은 당신이 어디에 있든지, 무엇을 아는지에 관계없이 계속해서 배우고 성장할 수 있게 하는 새로운 지식은 항상 존재한다는 사실을 일깨운다. 첫 단계는 '목표와 의도를 명확히 밝히기'로, 앞서 '목표를 염두에 두고 시작하기'라고 설명했던 부분과도 일맥상통한다. 그랜트 위긴스와 제이 맥타이Jay McTighe의 연구(1998, 2005) 덕분에 우리가 참고하기에 적합한 계획 과정 절차가 이미 있다. 다음 순서에 따라 진행하도록 한다.

1. **목표를 가지고 시작한다** 개별 맞춤형 학습을 시행하는 이유는 무엇인가? 이 여정을 시작하면서, 혹은 이미 진행 중인 여정을 계속 진행해 나가면서 개별 맞춤형 학습의 어떤 부분에 특히 집중할 것인가?
2. **목표를 이룰 계획을 세운다** 어떤 방법으로 목표를 향해서 나아갈 생각인가?
3. **행동에 옮긴다** 개별 맞춤형 학습을 학생들과 함께 시험해 보기에 좋은 간단한 조치에는 무엇이 있을까?
4. **학습 과정을 평가한다** 수집한 증거나 자료는 어떤 것인가? 이 접근 방식이 학생들의 학습에 끼치는 영향을 알아보는 데 그 자료가 어떻게 도움이 되는가?
5. **학습 과정을 돌아본다** 무엇을 배우게 됐는가? 그렇게 배운 점은 처음에 명시한 목표와 어떤 관련이 있는가?
6. **수정한다** 피드백을 참고해서 목표, 시행 계획, 학습의 증거를 수

집하는 방법을 어떻게 수정할 수 있을까?

변화를 위해 이런 체계를 사용하는 방식은 행동 연구와 상당히 유사하다. 일단 교사들이 이 체계에 따라 실천하기 시작하면, 각자의 시행 과정을 더 면밀히 추적할 수 있을 뿐 아니라 그 결과를 동료 교사들과 공유할 수 있다. 그렇게 되면 점차 학교 전체에 개별 맞춤형 학습에 대한 집단지성이 성장하는 학습 문화가 자리 잡힌다.

교육은 변화와 불확실성의 시기를 맞이했다. 그러한 징후와 조짐은 도처에 가득하다. 바로 지금이 우리가 행동에 나설 때다. 개별 맞춤형 학습을 시행할 기회를 잡은 우리에게는 그 어느 때보다 마음습관이 꼭 필요하다. 효과적인 소통, 비판적이고 창조적인 사고, 협력을 위한 성향과 기술은 학교 공동체의 모든 학년에서 연습하고 실천해야 한다.

우리에게는 마음습관이 제공하는 명확한 사고가 필요하지만 그 외에도 어떻게 실천하고 있는지를 검토하기 위해 명확한 목표도 필요하다. 이 대목에서 개별 맞춤형 학습의 네 가지 특성인 목소리, 공동 창조, 사회적 구성, 자기 발견이 다시 중요한 역할을 한다. 이 네 가지 특성을 우리 행동을 점검하는 필터로 사용해야 한다. 즉 학생들이 목소리를 낼 수 있도록 배려하는지, 학습 경험을 공동 창조할 기회를 제공하는지, 온갖 종류의 자료와 전문가들의 도움을 받도록 권장해서 사회적 구성을 촉진하는지, 자기 발견이 학생들의 메타인지를 유도하는 역할을 충실히 하고 있는지 점검한다. 그리고 스스로에게 이런 질문을 던져 보아야 한다. 학생들의 적극적인 참여와 열정을 북돋는 데 도움이 되지 않아서 그만둬야 할 활동이나 관행에는 어떤 것이 있는가? 현재 하고 있는 활동 중에 목표를 더 쉽게 달성할 수 있도록 더 강화할 수 있는 부분은 무엇인가? 어떤 학생에게든 서슴없이 권할 수 있는 랄프 왈도 에머슨의 이 명언을 우리 스스로도 새겨들어야 할 것이다. '탐색하고, 또 탐색하라. 끊임없이 질문하는 자신의 태도를 책망하지도, 자만하지도 마라.'

감사의 말

이 책을 쓰는 기쁨 중 하나는 전국 각지의 교사들과 협력하면서 배우는 경험이었다. 다음 분들께 감사의 인사를 전하고 싶다.

- 코네티컷 맨체스터에 있는 맨체스터 고등학교의 질 크리거, 마크 루드, 케이틀린 마이너에게 감사를 드린다. '계획과 실행의 과정에서 학생이 참여할 기회' 프로젝트를 개발하면서 우리와 선뜻 협력하고, 학생들과 일선 교사들과 함께 창조하고, 상상하고, 혁신할 장소를 제공해 주었다. 그리고 그 학교 교장인 매트 기어리가 고맙게도 우리를 불러 줘서, 학군 지도자들의 관심을 개별 맞춤형 학습과 마음습관에 집중시키고 혁신이 꽃을 피울 환경에 대해 명확히 설명할 기회를 마련해 주었다.
- 코네티컷 에이번에 있는 에이번 교육청 부청장인 도나 루색과 조디 크리잔스키는 책을 집필하는 과정에서 우리가 아이디어, 예시, 잘못된 견해에 대해 충분히 생각할 수 있도록 도와주었다. 특히 원고의 세부적인 내용까지 꼼꼼하게 검토해준 도나에게 감사드린다.

- 코네티컷 매디슨 교육청 부청장인 게일 달링-헨치와 교육청장 탐 스캐리스는 교육과정에서 다루는 내용에 여러 능력(예를 들면 문제 진단, 설계, 인내심)을 포함시키는 데 협력하고 지원해 주었다. 초고를 검토하고 유용한 조언을 해 주었던 게일과, 교사들의 이노베이션 랩 프로젝트가 개별 맞춤형 학습으로 성장할 수 있도록 도움을 준 탐에게 특별한 감사의 인사를 전한다.

- 샬럿-메클런버그 학군의 개별 맞춤형 학습 프로그램 매니저 질 톰슨은 아주 유용한 자료(발레리 트로스데일 박사의 지도에 따라 지난 40여 년간 노스캐롤라이나 학교들이 진행해 온 활동을 토대로 마련한 계획과 실행 조치)로 우리에게 엄청난 도움을 주었다. 샬럿-메클런버그는 지금까지도 개별 맞춤형 학습 분야에서 가장 혁신적인 학군으로 꼽히고 있으며, 외부인들의 견학을 환영해 맞이하고 그들과 함께 배우고 성장해 나간다.

- 코네티컷 그리니치에 있는 그리니치 고등학교 교장인 크리스 윈터스와 교사인 세라 골드윈 박사와 브라이언 왈라키아에게도 감사를 전한다. 이들의 너그러운 마음과 협력 정신에는 강력한 전염성이 있으며 교사, 학생, 관리자, 지역사회가 무엇을 함께 계획하고 만들어 나갈 수 있는지를 입증한다.

그리고 제시카 크레이그와 에릭 차갈라, 그의 학교 교사들인 크레이그 가스타우어, 댄 라이더, 길리언 엡스타인은 특별히 이 책을 위해 글을 써 주었다. 교실과 학교에서 일어나는 일을 들여다볼 창을 제공해 준 이분들께 감사한다.

하이디 헤이스 제이콥스와 제이 맥타이는 처음 시작하는 순간부터 마지막 단계까지, 소중한 의견과 비평으로 이 책을 쓰는 데 막대한 도움을 주었다. 이들을 절친한 동료이자 아끼는 친구로 둔 것은 우리 삶의 큰 기쁨이다.

아트 코스타는 마음습관의 진정한 화신이다. 우리가 개별 맞춤형 학습과 마음습관을 통합해 나갈 때 그는 통찰력 있는 의견과 조언을 아끼지 않았다.

초고가 완성되었을 때 꼼꼼히 읽고 살펴 준 ASCD의 제니 오스터탁에게도 감사한다. 그녀의 훌륭한 조언 덕분에 책의 내용이 크게 개선되었다. 케이티 마틴은 이 책을 읽을 독자를 대표해서, 매서운 눈으로 문맥을 살펴 문장을 매끄럽게 가다듬어 주었다.

마지막으로 가족들에게도 감사의 인사를 전한다. 베나의 남편인 찰스 칼릭은 우리가 생각과 의견을 구상하느라 애쓰던 시기에 수차례 저녁 식사를 사주고, 든든히 지원해 주었다. 개별화에 꼭 필요한 다양성을 느끼게 해주는 베나의 자식들과 손자, 손녀들로부터 많은 것을 배울 수 있어서 항상 고맙게 생각한다. 인내와 든든한 지원, 쉬는 짬짬이 함께 보내는 즐거운 시간으로 책을 준비하는 기간이 순식간이었던 것처럼 느낄 수 있게 해 준 앨리슨의 남편 탐 츠무다와 자녀 쿠다 츠무다와 조 츠무다에게 감사한다.

옮긴이의 말

우리에게는 어떤 대안이 있을까?

어떻게 하면 더 잘 가르칠 수 있을까? 학생들을 미래에 더 잘 대비
시키려면 어떻게 지도해야 할까? 일선에서 학생을 가르치는 교사들
은 물론이고, 교육에 관심이 있는 모든 어른들이 한 번쯤 해봤을 고
민이다. 특히 4차 산업혁명으로 패러다임이 전환될 것을 예견하거
나 혹은 이미 변화가 시작되었다고 주장하는 목소리가 여기저기서
들리는 요즘 같은 분위기에서는 교육에 대한 고민이 더 깊어질 수밖
에 없다. 지금도 컴퓨터 마우스를 몇 번 클릭하기만 하면 실질적으
로 거의 모든 정보를 검색할 수 있는데, 앞으로는 모든 사람들에게
인공지능 비서가 붙어서 아무런 노력 없이도 모든 지식과 서비스를
이용할 수 있게 되고, 실제보다 더 진짜 같은 영상을 보거나 체험을
가만히 앉은 채로 할 수 있게 될 것이라고 한다. 꿈이 현실이 되고,
가능성의 한계가 모호해지고, 창조적인 상상력을 끝없이 펼칠 수 있
는 세상이 눈앞에 다가와 있다. 그런 상황에서 과연 지식을 배우고
암기하는 교육이 의미 있는 것인지, 한 명의 교사가 다수의 학생 앞

에서 일률적으로 수업을 진행하는 오늘날의 교실 환경이 미래에도 실효를 발휘할 것인지 고민해보지 않을 수 없다. 지금과 같이 정형화되고 획일화된 교육에 변화가 필요하다면, 어떤 식으로 개선해 나가야 할까? 우리에게는 어떤 대안이 있을까?

이 책의 저자들은 그 해법을 개별 맞춤형 학습에서 찾는다. 개별 맞춤형 학습은 학생의 능력과 필요에 맞게 커리큘럼을 구성하여 학습의 촉진을 꾀하는 지도 방식으로, 학습자에게 자율권을 더 많이 허용하고 학습자들이 각자 흥미와 열정을 탐색하고 발전시킬 기회를 제공하는 데 중점을 둔다. 저자들에 따르면 개별 맞춤형 학습은 기존의 개별화, 차별화 교육과는 차이가 있다. 교사가 학생 각자의 수준과 상황에 맞게 과제를 배정하는 개별화 교육이나 어느 정도 테두리 내에서 학생들이 학습 방법이나 내용의 선택권을 갖는 차별화 교육과는 다르다. 개별 맞춤형 학습 체계에서는 커리큘럼을 정하는 순간부터 학생들이 자기 '목소리'를 내고, 교사와 다른 학생들과 함께 결정하고 실행하면서 '공동 창조'하고, 그 과정에서 타인과의 관계를 통해서 '사회적 구성'을 체험하며, 결과적으로 스스로를 인식하는 '자기 발견'의 기회를 누린다. 저자들은 '목소리, 공동 창조, 사회적 구성, 자기 발견'의 네 가지 요소를 개별 맞춤형 학습의 특성으로 규정한다.

이런 개별 맞춤형 학습이 성공적으로 이루어지기 위해서는 학생들이 교육 활동에 열의 있게 자발적으로 참여하는 자세를 갖춰야 한다. 그래서 저자들은 '마음습관'을 맞춤형 학습에 접목하는 혜안을 발휘한다. '마음습관'이란 어떤 문제나 어려움에 직면했을 때 슬기롭게 헤쳐 나가는 데 필요한 내적인 성향을 뜻하는 것으로, 캘리포니아 주립대학교 명예교수인 아서 L. 코스타와 교육 컨설턴트 베나 칼릭이 처음 제시한 개념이다. 마음습관에 대한 자세한 내용은 마음습관협회(http://www.habitsofmindinstitute.org/)를 통해 확인할 수 있다.

마음습관은 목표를 달성하기 위해 끈기 있게 매달리고, 유연하게 사고하고, 이해하고 공감하는 마음으로 듣고, 지속적인 배움에 열린 자세를 갖는 등의 16가지 내적인 성향으로 정리할 수 있다. 저자들은 이 16가지 마음습관이 개별 맞춤형 학습을 교실에 도입하는 과정에서 주춧돌 역할을 한다고 설명한다. 개별 맞춤형 학습에서는 커리큘럼을 짜고 각자 탐구할 분야를 결정하는 데서 시작해서, 과제를 제작하고, 평가하고, 학습을 검증하고, 피드백을 주고받는 활동에 이르기까지 학생이 주도적으로 참여한다. 따라서 학생들의 열의와 주체적인 활동 능력을 키우는 데 이 마음습관이 중요한 역할을 한다.

여러 선진국에서는 이미 학생들이 주도하는 프로젝트 교육 활동이 활발히 진행 중이다. 그 중에는 뉴클래스룸즈NewClassrooms나 맥그로힐 에듀케이션의 'ALEKS' 프로그램처럼 멀티미디어 기술을 적극적으로 활용한 사례도 많다. 과학 기술을 적극 도입하되 다른 사람들과의 관계와 소통을 통해서 활동하는 능력을 키우는 교육이 앞으로 우리가 지향해야 할 교육 방향이라면, 이 책에서 소개하는 마음습관을 활용한 개별 맞춤형 학습은 그 두 가지를 현명하게 결합한 명석한 사례가 아닐까 한다.

개별 맞춤형 학습에서 학생과 교사의 역할

핵심 요소	학생과 교사의 역할	관련한 마음습관
목표 어떤 결과를 기대하는가?	학생과 교사는 주제가 목표에 부합하는지 확인한다(목표는 구체적인 주제에 관한 것이거나, 여러 과목에 걸친 것이거나, 행동이나 성향에 관한 것일 수 있다).	· 자기 생각에 대해 생각하기 · 정확성을 기하기 · 상호협력적으로 사고하기
탐구, 발상 주제의 어떤 점이 생각을 자극하는가? 이 주제에서 탐구할 가치가 있는 부분은 어디인가?	· **학생** 독립적으로 문제, 아이디어, 설계 또는 조사 과정을 규정하고 정확히 표현한다. · **교사** 학생의 상상력, 호기심, 심도 있는 학습을 촉진할 보다 광범위한 주제, 기존의 연구나 탐구 문제를 찾는다.	· 유연하게 사고하기 · 질문하고 문제 제기하기 · 창조하기, 상상하기, 혁신하기 · 위험부담이 있는 모험을 하기 · 과거의 지식을 새로운 상황에 적용하기 · 자기 생각에 대해 생각하기
과제와 청중 청중은 창작과 소통에 어떤 식으로 기여할까?	· **학생** 과제를 해결하고, 시험하고, 개선하는 데 도움을 줄 진정한 청중을 파악해서 참여시킨다. · **교사** 과제에 적절한 청중, 과제가 영향력을 발휘하기에 적합한 발표의 장을 찾을 수 있게 돕는다.	· 이해하고 공감하는 마음으로 듣기 · 정확성 기하기 · 정확하고 명료하게 생각하고 대화하기 · 상호협력적으로 사고하기 · 자기 생각에 대해 생각하기 · 위험부담을 감수하고 모험하기
평가 완성된 과제를 현실적인 관행과 기준을 반영해서 어떻게 평가해야 할까?	· **학생** 다른 사람들과 협력해서 평가 기준을 정하거나 완성된 과제물을 준비하는 동안에 기존의 기준을 일부 활용해서 스스로 평가한다.	· 정확성을 기하기 · 지속적인 배움에 열린 마음 자세를 갖기 · 모든 감각을 동원해서 자료를 수집하기

	·교사 학생들과 협력해서 평가 기준을 규정하고 검토해서 학 생들이 완성된 과제물을 지속 적으로 평가할 수 있도록 촉진 한다.	·자기 생각에 대해 생각하기 ·경탄하는 마음으로 받아들이기
학습의 종합적인 검증 정해진 기간에 배우고 발 전했다는 학습 결과를 어 떻게 보여줄 수 있을까?	·학생 정해진 기간 동안 배운 것을 대표적으로 보여주는 작 품집이나 전시 작품을 만든다. 이를 통해 단일 교과의 성취도, 다양한 교과의 복합적인 성취 도, 기질적인 특성의 개선 등을 확인할 수 있다. 학생들은 결과 물의 장점과 단점을 확인하고, 앞으로의 학습 방향을 정한다. ·교사 학생들과 의견을 교환하 고, 실험 대상이 되어 학생들에 게 각자 과제를 테스트할 기회 를 제공하고, 결과물을 면밀히 검토해서 학습한 증거의 신뢰 성을 입증하는 데 도움을 준다. 교사는 결과물의 장점과 단점 을 세세히 살피고, 학생의 성취 와 성과를 높이 산다.	·과거의 지식을 새로운 상황에 적용하기 ·지속적인 배움에 열린 마음 자 세를 갖기 ·정확하고 명료하게 생각하고 대화하기 ·경탄하는 마음으로 받아들이기
수업 계획 학습 계획은 어떤 식으로 세우는가?	·학생과 교사는 수업 계획을 만 들기 위해 협력한다. 학생의 흥 미와 필요에 따라 전개 순서, 속도, 내용을 고려한다. ·학생과 교사는 과정을 평가해서 지속적으로 계획을 수정하거나 발전시킨다.	·질문하고 문제 제기하기 ·창조하기, 상상하기, 혁신하기 ·충동성을 조절하기 ·자기 생각에 대해 생각하기 ·끈기 있게 매달리기
피드백 피드백은 어떻게 성장을 촉진할까?	·학생은 청중의 피드백을 지속 적으로 구하고 활용해서 결과 물이나 과제를 만들거나, 시험 하거나, 개선한다. ·교사 또는 청중(예 : 동급생, 고객, 가족, 다른 조원)은 널리 인정할 만한 기준을 토대로 구체적이 며 실행 가능한 피드백을 준다.	·이해하고 공감하는 마음으로 듣기 ·정확성을 기하기 ·지속적인 배움에 열린 마음 자세를 갖기 ·자기 생각에 대해 생각하기 ·상호협력적으로 사고하기

참고 문헌

Anderson, M. (2016). *Learning to choose, choosing to learn: The key to student motivation and achievement.* Alexandria, VA: ASCD.

Big Think. (2014, April 14. Educating for the 21st century-Global Education Forum [Video file]. Retrieved from https://www.youtube.com /watch?v=__7Dd2sAwPA)

Charlotte-Mecklenburg Schools. (2014). Personalized learning: Learner profile. Retrieved from http://pl.cmslearns.org/wp-content/ uploads/2014/06/PLLearnerProfile_posterFINAL.pdf

Clarke, J.(2013). *Personalized learning: Student-designed pathways to high school graduation.* Thousand Oaks, CA: Corwin.

Connecticut State Department of Education. (2015). *Mastery-based learning: Guidelines for implementation.* Retrieved from www. sde.ct.gov/sde/lib/sde/pdf/mbl/mastery_based_learning_guidelines. pdf

Costa, A. L., & Kallick, B. (2008). *Learning and leading with habits of mind.* Alexandria, VA: ASCD.

Costa, A. L., & Kallick, B. (2014). Dispositions: Reframing teaching and learning. Thousand Oaks, CA: Corwin.

Domenech, D., Sherman, M., & Brown, J. L. (2016). *Personalizing 21st century education: A framework for student success.* San Francisco: Jossey-Bass.

Dweck, C. (2006). *Mindset: The new psychology of success.* New York: Random House.

Farrington, C. A., Roderick, M., Allensworth, E., Nagaoka, J., Keyes, T. S.,

Johnson, D. W., & Beechum, N. O. (2012). *Teaching adolescents to become learners: The role of noncognitive factors in shaping school performance-A critical literature review.* Chicago: University of Chicago Consortium on Chicago School Research.

Fisher, M. (2015). *Ditch the daily lesson plan: How do I plan for meaningful student learning?* Alexandria, VA: ASCD.

Fisher, D., & Frey, N. (2012, September). Feedback for learning. *Educational Leadership*, 70(1), 42-46.

Fogarty, R. (2016). *Invite! Excite! Ignite! 13 principles for teaching, learning, and leading, K-12.* New York: Teachers College Press.

Furr High School, Houston Independent School District, Texas. Covenant for learning. Retrieved from http://www.houstonisd.org/furrhigh

Hawes, C. (2016, March 12). On risk-taking, constructive criticism and gratitude. *GHS Innovation Lab.* Retrieved from https://ghs innovationlab.com/2016/03/12/on-risk-taking-constructive-criticism-and-grattitude/

Heick, T. (2013, October 11). 4phases of inquiry-based learning: A guide for teachers [Blog post]. Retrieved from *TeachThought* at http://www.teachthought.com/pedagogy/4-phases-inquiry-based-learning-guide-teachers

Kallick, B., & Alcock, M. (2013). A virtual continuum for thinking interdependently. In A. Costa & P. Wilson O' Leary (Eds.), *The power of the social brain: Teaching, learning, and thinking interdependently* (p.51). New York: Teachers College Press.

Larmer, J., Mergendoller, J., & Boss, S. (2015). *Setting the standard for project-based learning.* Alexandria, VA: ASCD & Novato, CA: Buck Institute of Education

Martin-Kniep, G. O. (2015, December 6). Feedback that supports learning for everyone [Blog post]. Retrieved from *Leadership 360* at http://blogs.edweek.org/edweek/leadership_360/2015/12/feedback_that_supports_learning_for_everyone.html

McDonald, J. P., Mohr, N., Dichter, A., & McDonald, E. C. (2013). *The power of protocols: An educator's guide to better practice.* New York: Teachers College Press.

McDonald, J. P., Zidney, j. M., Dichter., A., & McDonald, E. C.(2012). *Going online with protocols: New tools for teaching and learning.* New York: Teachers College Press.

McTighe, J., & Wiggins, G. (2011, January). Measuring what matters. *Hope Newsletter.* Retrieved from http://jaymctighe.com/wordpress /wp-content/uploads/2011/04/Measuring-What-Matters.pdf

Perkins, D. N., & Reese, J. D. (2014, May). When change has legs. *Educa tional Leadership,* 71(8), 42-47.

Perkins-Gough, D. (December 2003/January 2004). Creating a timely curriculum: A conversation with Heidi Hayes Jacobs. *Educational Leadership,* 61(4), 12-17.

Resnick, L. (1999, June 16). Making America Smarter: The real goal of school reform. *Education Week,* 18(40), 38-40.

Rich, A. (2002). *Arts of the possible: Essays and conversations.* New York: W. W. Norton & Co.

Rickabaugh, J. (2016). *Tapping the power of personalized learning: A roadmap for school leaders.* Alexandria, VA: ASCD.

Schlosser, D. (2015, December 12). In the trenches [Blog Post]. Retrieved from *GHS Innovation lab* at https://ghsinnovationlab.com/2015/12/12/in_the_trenches/

Schwartz, K. (2014, August 21). Four skills to teach students in the first five days of school [Blog post]. Retrieved from *MindShift* at http://ww2.kqed.org/mindshift/2014/08/21/four-skills-to-teach-students-in-the-first-five-days-of-school-alan-november

Thornburg, D. D. (2004). Campfires in cyberspace: Primordial metaphors for 21st century learning. *International Journal of Instructional Technology and Distance Learning,* 1(10). Retrieved from http://homepages.dcc.ufmg.br/~angelo/webquests/metaforas_image ns/Campfires.pdf

Vygotsky, L, S. (1978). *Mind in society: The development of higher psychological processes.* Cambridge, MA: Harvard University Press.

Wagner, T. (2015, February). Reinventing education for the 21st century [Video file]. Retrieved July 18, 2015, from http://ed.ted.com/on/

6txkqrJu

Wagner, T., & Dintersmith, T. (2015). *Most likely to succeed: Preparing our kids for the innovation era.* New York: Scribner.

Wiggins, G. (2012, September). Seven keys to effective feedback. *Education Leadership*, 70(1), 10-16.

Wiggins, G., & McTighe, J. (1998). *Understanding by design.* Alexandria, VA: ASCD.

Wiggins, G., & McTighe, J. (2005). *Understanding by design*(Expanded 2nd edition). Alexandria, VA: ASCD.

Zmuda, A., Curtis, G., & Ullman, D. (2015). Learning personalized: The evolution of the contemporary classroom. San Francisco. Jossey-Bass.

학생 중심으로 수업을 바꿔라

초판 1쇄 발행 2019년(단기 4352년) 1월 23일
초판 3쇄 발행 2022년(단기 4355년) 5월 19일

지은이 · 베나 칼릭, 앨리슨 츠무다
옮긴이 · 신동숙
펴낸이 · 심남숙
펴낸곳 · (주)한문화멀티미디어
등록 · 1990. 11. 28. 제 21-209호
주소 · 서울시 광진구 능동로 43길 3-5 동인빌딩 3층 (04915)
전화 · 영업부 2016-3500 편집부 2016-3507
http://www.hanmunhwa.com

운영이사 · 이미향 | 편집 · 강정화 최연실 | 기획 홍보 · 진정근
디자인 제작 · 이정희 | 경영 · 강윤정 조동희 | 회계 · 김옥희 | 영업 · 이광우

만든 사람들
책임편집 · 최연실 | 디자인 · 오필민디자인

ISBN 978-89-5699-345-4 03370